1일
1단어
1분으로 끝내는
AI공부

1일 1단어 1분으로 끝내는 AI공부

초판 1쇄 인쇄 2024년 9월 25일
초판 3쇄 발행 2025년 10월 5일

지은이 최재운
펴낸이 김종길
펴낸 곳 글담출판사 **브랜드** 글담출판

기획편집 이경숙·김보라 **영업홍보** 김지수
디자인 손소정 **관리** 이현정

출판등록 1998년 12월 30일 제2013-000314호
주소 (04029) 서울시 마포구 월드컵로8길 41 (서교동 483-9)
전화 (02) 998-7030 **팩스** (02) 998-7924
블로그 blog.naver.com/geuldam4u **이메일** geuldam4u@geuldam.com

ISBN 979-11-91309-71-3 (44080)
      979-11-91309-15-7 (세트)

만든 사람들
책임편집 김보라 **디자인** 손소정

글담출판에서는 참신한 발상, 따뜻한 시선을 가진 원고를 기다리고 있습니다.
원고는 아래의 투고용 이메일을 이용해 보내주세요. 여러분의 소중한 경험과 지식을 나누세요.
이메일 to_geuldam@geuldam.com

1일

 ×

1단어

 ×

1분 으로 끝내는

 ×

AI공부

최재운 지음

글담출판

"여러분이 앞으로 살아갈 세상은 지금과는 다를 겁니다.
사회 시스템 전체가 인공지능을 기반으로 움직일 거예요."

'인공지능'이라는 단어를 들으면 여러분은 어떤 생각이 드나요? 누군가는 바둑에서 이세돌 9단을 이겼던 알파고를 생각할 것이며, 또 다른 누군가는 인터넷에서 수없이 많은 관련 기사로 보았던 챗GPT를 떠올릴 것입니다. 혹은 어린 시절 영화나 소설 속에서 보았던 먼 미래의 이야기로 생각할 수도 있습니다. 하지만 이제 인공지능은 더 이상 상상 속 이야기나 지금 우리의 삶과 동떨어진 것이 아닙니다. 우리 주변 어디에서나 인공지능을 만날 수 있죠. 스마트폰에서 사용하는 음성 인식 기능, 인터넷에서 추천해 주는 동영상, 심지어 우리가 게임을 할 때도 인공지능은 활약하고 있습니다.

오늘날 인공지능은 단순히 인간의 일을 기계가 대신해 주는 차원을 넘어 우리 사회의 모든 분야에 변화를 불러오고 있습니다. 의학, 교육, 예술, 환경 등 어디든 인공지능의 손길이 닿지 않는 곳은 없습니다. 앞으로의 세상에서는 인공지능이 더욱 중요한 역할을 할 것이 분명합니다.

그런데 혹시 지금 '나는 개발자도 아니고 관련 업계에서 일할 것도 아닌데, 인공지능에 대해 알 필요가 있나?'라고 생각한 사람이 있을까요? 여러분이 꿈꾸는 미래 직업이 무엇이든, 이제 인공지능에 대한 이해는 필수입니다. 여러분이 앞으로 살아갈 세상은 지금과는 다를 겁니다. 사회 시스템 전체가 인공지능을 기반으로 움직일 거예요. 지금 우리가 스마트폰 없이 살아갈 수 없는 것처럼, 미래 사회는 인공지능 없이 살아갈 수 없습니다. 그때 인공지능을 이해하고 있는 사람은 더 유리한 위치에서 많은 기회를 잡을 수 있을 것입니다. 인공지능과 직접 관련 있는 일을 하지 않더라도 인공지능 기술을 이해하고 그 활용법과 영향력을 아는 것이 살아가는 데 매우 중요해질 거예요.

그렇다면 인공지능을 배우기 위해 필요한 것은 무엇일까요? 여러분은 이미 필요한 것을 가지고 있습니다. 그것은 바로 호기심입니다. "인공지능이 어떻게 작동하지?" "왜 이런 결과가 나올까?" "인공지능이 우리 미래를 어떻게 바꾸어 놓을까?" 하는 작은 질문들이 인공지능의 세계로 여러분을 안내할 것입니다.

이 책이 당장은 어렵고 복잡해 보이는 인공지능을 쉽고 재미있게 배울 수 있도록 도와줄 것입니다. 호기심을 잃지 않고 매일매일 한 단어씩 공부하다 보면, 어느새 여러분도 인공지능에 대해 자신 있게 이야기할 수 있게 될 것입니다. 간혹 기술에 관한 복잡하고 어려운 내용이 나온다면, 그 항목은 쓱 한번 읽고 넘어가도 괜찮습니다. 인공지능이라는 큰 틀을 이해하고 관심을 갖게 되는 것만으로도 인공지능 시대를 즐거운 마음으로 맞이하기 위한 좋은 시작이 될 테니까요.

여러분이 인공지능에 대해 배우기 시작한 이 순간이, 미래를 준비하는 중요한 첫걸음이 되기를 바랍니다. 자, 그럼 이제부터 인공지능이라는 신비한 세계로 함께 떠나볼까요?

차 례

4장 # 딥러닝

5장 인공지능 응용분야

6장 인공지능 기술 및 도구

7장 주요 인물과 조직

8장 인공지능 윤리

9장 대중문화 속 인공지능

10장 인공지능의 미래

1장

기본 개념

- ☑ 인공지능
- ☐ 강인공지능과 약인공지능
- ☐ 인공지능, 머신러닝, 딥러닝
- ☐ 머신러닝
- ☐ 딥러닝

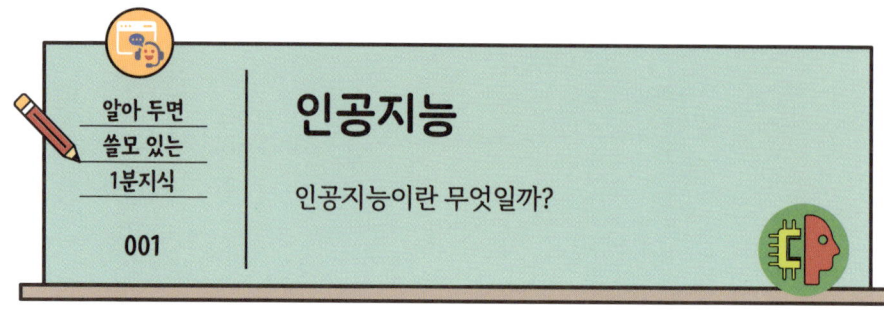

인공지능

인공지능이란 무엇일까?

누구나 한 번쯤은 인공지능이라는 단어를 들어 봤을 텐데요. 인공지능이 정확하게 무엇을 의미하는지 생각해 본 적이 있나요? 인공지능은 한자 뜻을 그대로 풀이하면 '사람人이 만든工 지능知能'을 의미합니다. 지능이라는 것은 무언가를 이해하고 배우는 능력으로, 오직 인간에게만 있는 고유의 성질로 알려져 있지요.

하지만 인류는 인간이 아닌 존재가 인간처럼 생각하고 행동하는 경우를 줄곧 상상해 왔습니다. 그리스 신화에 등장하는 피그말리온이 대표적입니다. 조각가 피그말리온은 자신이 만든 여성상 '갈라테이아'를 너무도 사랑한 나머지 그녀를 인간으로 변하게 해달라고 신에게 기원하지요. 그 기원이 어찌나 간절했던지 결국 아프로디테가 피그말리온의 소원을 들어줌으로써 갈라테이아는 인간이 되었고 둘은 결혼해 자녀도 두며 행복하게 살아갑니다. 이 외에 여러분도 잘 알고 있는 피노키오나 『오즈의 마법사』에 등장하는 양철 나무꾼 역시 인간처럼 사유하고 고민하고 행동하는 대표적인 인간 아닌 존재들입니다.

이처럼 인류는 태초부터 '스스로 생각하는 사물'을 만드는 상상을 끊임없이 해왔습니다. 이러한 관점에서 인공지능은 '지성을 갖춘 인류가 만든 인공적인 지능'이라 할 수 있습니다. 하지만 이런 인공지능에 대한 상상은 아주 오랫동안 소설에서나 등장하는 허구의 개념이었습니다.

그러다 20세기 중반에 이르러 컴퓨터가 발명되자 인공지능이라는 개념은 현실화

앞으로 빠르게 발전할 미래 사회에서 인공지능에 대한 이해는 필수입니다.

하기 시작합니다. 사람들이 관념으로만 존재하던 인공지능을 투영할 대상으로 컴퓨터를 선정한 것이지요. 이러한 관점에서 '오늘날의 인공지능은 컴퓨터가 인간의 지능을 모방해 인간 지적 능력의 일부 또는 전체를 구현한 것'이라 할 수 있습니다.

좀 더 구체적으로 이야기하자면 인공지능은 사람처럼 학습하고, 생각하며, 판단하는 기계나 시스템을 만드는 기술 분야입니다. 인공지능 기술을 통해 컴퓨터는 문제 해결, 언어 이해, 음성 인식 등 다양한 작업을 수행하고 있습니다. 최근에는 인공지능이 글을 쓰고 그림을 그리고 영상도 만들고 있지요.

인공지능 기술의 발전은 우리 사회와 산업을 빠르게 변화시키고 있습니다. 이러한 변화를 이해하고, 인공지능 기술의 장단점을 올바르게 파악하는 것은 미래 사회 구성원으로서 중요합니다. 앞으로 급변할 사회적 변화에 적극적으로 대응하며 기회를 창출하기 위해서는 인공지능에 대한 기본적인 지식을 반드시 갖춰야 합니다.

강인공지능과 약인공지능

오늘날 인공지능은
어느 단계에 와 있을까?

어린 시절 IQ 테스트 등을 통해 지능을 측정해 본 경험이 있나요? 인간의 지능을 측정하기 위해 문제 해결 능력, 언어 이해력, 공간 지각력, 수리 능력 등 지능과 관련된 인지적 기능을 평가하곤 하는데요. 인공지능도 지능의 일종이기에 지적 수준에 따라 강인공지능Strong AI과 약인공지능Weak AI으로 구분합니다. 하지만 인공지능의 지적 능력을 구분하는 기준은 인간과 조금 다릅니다. 해결할 수 있는 문제의 종류, 인간의 지능을 모방하는 능력 정도 등을 기준으로 하지요.

약인공지능은 특정 분야에서만 활용하는 데 초점을 맞춘 기술로, 주로 단일 작업에 최적화되어 있습니다. 예를 들어 언어 번역, 음성 인식, 게임에 참여하는 프로그램 등이 약인공지능의 대표적인 예입니다. 이러한 시스템은 특정 분야에서는 인간과 유사하거나 더 나은 성능을 발휘합니다. 바둑에서 이세돌 9단을 꺾은 알파고AlphaGo가 대표적인 예지요. 약인공지능은 특정 목표를 달성하는 데 매우 효율적이며, 이를 위해 정해진 데이터만 학습합니다. 따라서 범위 밖의 작업이나 예외적인 상황에 대응하는 능력은 제한적이지요.

반면, 강인공지능은 인간의 지능을 전반적으로 모방하고, 어떤 작업이든 수행하는 이상적인 인공지능을 지칭합니다. 강인공지능 시스템은 인간의 지능 활동인 학습, 추론, 인식, 이해 등을 다양하게 수행합니다. 특정 작업에서 인간을 모방하는 것을 넘어 스스로 학습해 새로운 문제를 해결할 수 있는 능력을 갖추고 있지요. 강인공

강인공지능	약인공지능
• 다양한 분야에서 보편적으로 활용	• 특정 분야에서만 활용 가능
• 알고리즘을 설계하면 AI가 스스로 데이터를 찾아 학습	• 알고리즘은 물론 기초 데이터 규칙을 입력해야 이를 바탕으로 학습 가능, 규칙을 벗어난 창조는 불가
• 정해진 규칙을 벗어나 능동적으로 학습함으로써 창조 도 가능	

강인공지능과 약인공지능(자료 출처: 중앙일보)

지능은 다른 말로 인공일반지능Artificial General Intelligence, AGI이라고도 합니다. 인간이 할 수 있는 어떠한 지적인 업무도 모두 다 해내는 지능을 의미하죠.

오늘날 우리 생활에 적용되고 있는 인공지능 기술은 약인공지능입니다. 음성 인식 비서, 개인화된 추천 시스템, 자동 번역 같은 서비스부터 챗GPT 같은 언어 생성 인공지능까지 다양한 분야에서 약인공지능을 활용하고 있습니다.

영화 〈터미네이터〉나 〈매트릭스〉, 〈그녀〉 등에 나오는 사람과 같은 인공지능은 강인공지능을 적용한 사례입니다. 다만, 이 정도의 기술은 아직 현실로 구현되지는 못하고 이론적인 단계에 머물러 있습니다. 하지만 최근 공개되고 있는 여러 인공지능이 점차 사람과 유사해지면서 강인공지능의 등장 또한 머지않았다는 전망이 나오고 있습니다.

강인공지능으로 우리의 삶은 편리해지고 윤택해질 것입니다. 그러나 한편으로는 윤리적, 사회적 문제가 발생할 우려가 있습니다. 인공지능 기술이 빠르게 발전하고 있지만 그것을 바라보는 시선이 마냥 따뜻하기 어려운 것도 바로 이 때문입니다.

인공지능, 머신러닝, 딥러닝

인공지능, 머신러닝, 딥러닝은
무엇이 어떻게 다를까?

2016년 혜성같이 등장한 알파고가 이세돌 9단을 바둑에서 이기기 전까지 대중들에게 인공지능은 영화에서나 볼 수 있는 개념이었습니다. 하지만 알파고 등장 이후 인공지능에 대한 관점이 급격히 바뀌기 시작하지요. 게다가 딥러닝Deep Learning이라는 용어도 대중에게 깊이 인식되는 계기가 되었습니다. 2022년 말에는 챗GPT까지 등장하면서 인공지능과 딥러닝이라는 용어가 세간에 더 자주 오르내리게 됩니다. 게다가 머신러닝Machine Learning이라는 용어까지 뉴스와 신문에 자주 등장하자 많은 사람들이 이 세 용어에 대한 개념을 헷갈려 하게 되었습니다.

먼저 인공지능에 대한 개념을 잡아 보겠습니다. 인공지능은 세 용어 중 가장 넓은 개념입니다. 앞서 살펴본 것처럼 인공지능은 사람처럼 학습하고, 추론하고, 판단하며, 경험을 통해 개선해 나가는 기계나 소프트웨어를 이야기합니다. 즉 인간의 지능을 모방하는 모든 기술과 시스템을 포괄하는 큰 틀이라 할 수 있습니다.

인공지능이라는 개념 안에 머신러닝이 포함됩니다. 인공지능을 구현하기 위해 다양한 방법이 제안되고 연구되었는데 그중 머신러닝이라는 기술이 가장 두각을 드러냅니다. 머신러닝은 말 그대로 기계machine가 학습하는learning 것을 의미합니다. 우리 인간이 학습을 통해 지능을 발달시키듯이 기계도 학습하자는 것이 주요 개념입니다. 컴퓨터가 데이터를 분석하고, 그 안에서 패턴을 발견해 스스로 학습하는 과정을 통해 기계는 인공지능을 구현해 갑니다.

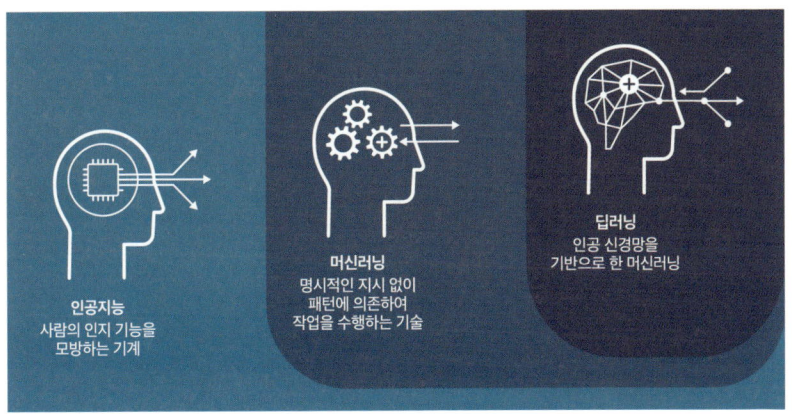

인공지능 - 머신러닝 - 딥러닝

머신러닝이라는 범주 안에는 많은 알고리즘이 있습니다. 그중 가장 각광받는 머신러닝 알고리즘이 바로 딥러닝입니다. 즉, 딥러닝은 머신러닝 분야 중 하나라는 것이죠. 딥러닝은 인공신경망Artificial Neural Network을 이용하는 학습 방법을 말합니다. 인공신경망이란 인간의 뇌가 정보를 처리하는 방식을 모방한 것으로, 딥러닝은 많은 수의 인공신경망을 통해 학습을 진행합니다. 인공의 지능을 만들기 위해 우리의 뇌를 모방한 것이 딥러닝이라고 할 수 있지요.

정리해 보자면, 인공지능은 인간의 지능을 모방하는 기술을 통칭하는 용어입니다. 머신러닝은 인공지능의 한 분야로, 기계가 데이터로부터 스스로 학습하는 기술을 말합니다. 딥러닝은 머신러닝의 한 방법으로, 인공신경망을 이용해 학습하는 기술을 가리킵니다.

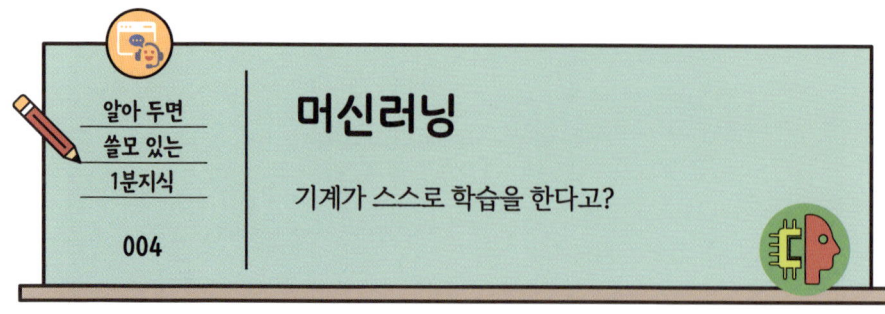

머신러닝

기계가 스스로 학습을 한다고?

머신러닝은 영어 단어 그대로 기계가 학습하는 것을 의미합니다. 좀 더 풀어서 설명하면 컴퓨터가 스스로 학습하게 만드는 기술인데요. 우리가 머신러닝을 이해하려면, 컴퓨터가 '학습'한다는 것이 무슨 의미인지를 먼저 이해해야 합니다. 컴퓨터는 우리처럼 선생님에게 설명을 듣거나 책을 읽지 않습니다. 대신, 데이터를 이용합니다. 데이터는 정보의 집합으로, 컴퓨터는 데이터를 수집하고 분석해 패턴이나 규칙을 찾아냅니다. 이렇게 찾아낸 내용들을 기반으로 예측하거나, 주어진 문제에 대한 답을 제출합니다.

예를 들어 컴퓨터에 강아지와 고양이를 구분하는 문제를 풀게 해보겠습니다. 이를 위해서는 먼저 컴퓨터에 수많은 강아지와 고양이 사진을 보여줍니다. 그러면 컴퓨터는 강아지와 고양이 사진 속 특징feature들을 찾아냅니다. 이 문제에서 특징이란 모양, 색상, 크기 등을 의미합니다. 이렇게 학습한 패턴을 기반으로 컴퓨터는 모델을 만들게 됩니다. 이 모델이 얼마나 잘 작동하는지 확인하기 위해 새로운 강아지와 고양이 사진을 보여주고 정확하게 구분하는지 평가합니다. 평가 과정에서 성능이 만족스럽지 않으면 모델의 구조를 조정하거나 더 많은 데이터로 학습을 시키는 등 다양한 방법으로 성능을 개선합니다.

머신러닝은 학습 방법에 따라 크게 세 가지 유형으로 나뉩니다. 첫 번째는 '지도학습Supervised Learning'인데, 이는 정답이 알려진 데이터로 학습하는 것입니다. 위에

데이터 수집 　 데이터 분석 　 패턴 찾기 　 예측 　 도출

머신러닝 과정의 5단계

서 예로 든 강아지와 고양이 사진을 구분하는 것이 여기에 해당합니다. 두 번째는 '비지도 학습Unsupervised Learning'입니다. 이는 정답 없이 컴퓨터가 스스로 데이터 패턴을 찾아내는 경우입니다. 마지막은 '강화 학습Reinforcement Learning'입니다. 이 방법은 보상을 통해 컴퓨터가 스스로 최적의 결정을 내리도록 합니다. 각각의 학습 방법에 대해서는 뒤에서 자세히 다루겠습니다.

　머신러닝은 학습 데이터가 늘어나고, 학습 시간이 길어질수록 일반적으로 성능이 향상됩니다. 이는 마치 우리가 공부할 때 더 많은 시간을 투자하고, 더 많은 자료를 학습하면 지식의 폭이 넓어지는 것과 유사합니다. 그러나 너무 많은 데이터를 한꺼번에 처리하거나 품질이 낮은 데이터를 학습하면 머신러닝 모델의 성능은 오히려 저하될 수 있습니다. 이는 우리가 한꺼번에 많은 양의 자료를 공부하거나 부적절한 자료로 학습하면 성적이 떨어질 수 있는 상황과 비슷합니다.

딥러닝

신경망이 층층이 쌓이면 쌓일수록
더 똑똑해진다고?

딥러닝은 머신러닝 기법의 일종입니다. 수많은 머신러닝 기법이 제안되었고 현재도 널리 활용되고 있지만, 최근 가장 주목받는 머신러닝 기법은 단연코 딥러닝입니다. 딥러닝은 기존의 머신러닝 기법들과 어떤 차이가 있을까요?

전통적인 머신러닝은 주어진 데이터를 기반으로 패턴을 학습합니다. 이 방법은 데이터의 특징을 이해하고 어떤 알고리즘을 사용할지 결정하는 과정에서 전문가의 개입이 필요합니다. 예를 들어 이메일이 스팸인지를 판단하기 위해서는 이메일의 특정 단어가 스팸과 관련 있는지를 전문가가 분석해야 합니다. 이것이 전통적인 머신러닝 활용 방법입니다.

반면, 딥러닝은 인간의 뇌 구조에서 영감을 받은 신경망을 활용합니다. 딥러닝의 핵심 특성 중 하나는 학습 과정에서 인간이 개입할 필요가 거의 없다는 것입니다. 이 기술은 신경망을 통해 자동으로 데이터의 특성을 파악하며 복잡한 문제를 스스로 해결해 나갑니다.

또 하나 주목할 특징은 '딥Deep'입니다. 딥러닝에서 딥이라는 이름은 신경망이 여러 층layer으로 깊게 쌓이는 것을 의미합니다. 신경망의 층이 더 깊어질수록, 딥러닝의 성능은 더욱 향상되는 경향이 있습니다. 이러한 구조 덕분에 최신 딥러닝 알고리즘은 수많은 층을 포함하고 있습니다.

여기까지 설명을 듣고 벌써 머리가 아픈 사람이 있나요? 신경망과 딥러닝 개념은

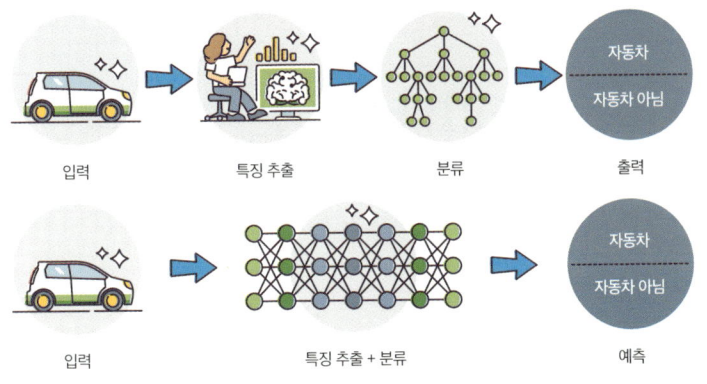

입력　　　　　　　　특징 추출　　　　　　　분류　　　　　　　　출력

입력　　　　　　　特징 추출 + 분류　　　　　　　예측

전문가가 직접 특징을 추출하는 머신러닝(위)과 자동으로 특징을 추출하는 딥러닝(아래)

뒤에 나오는 딥러닝 챕터에서 다시 한번 자세히 다룰 테니, 여기서는 '인간의 뇌를 모방한 신경망이 여러 겹 쌓인 것이 딥러닝이다' 정도로 이해하고 넘어가서도 좋습니다.

　딥러닝은 그 독특한 접근 방식으로 대규모 데이터에서 뛰어난 효과를 보이며 기존의 머신러닝으로는 해결하기 어려웠던 문제들도 척척 해결합니다. 하지만 과거에는 딥러닝이 요구하는 방대한 계산량 때문에 그 활용이 제한적이었습니다. 최근에는 하드웨어와 딥러닝 알고리즘의 발전으로 다양한 분야에서 딥러닝 기술이 활발히 사용되고 있습니다. 예를 들어 스마트폰의 얼굴 인식 기능과 자율 주행 자동차는 딥러닝 기술을 활용한 대표적인 사례이며, 알파고와 챗GPT 같은 첨단 시스템 역시 딥러닝을 기반으로 합니다.

사람들이 인공지능에 관심이 많은 이유는?
_인류를 닮은 창조물들

어린 시절, 우리는 로봇이나 인형에 빠져 살았습니다. 사람과 비슷한 모양의, 하지만 사람은 아닌 창조물에 관심을 기울이고 애정을 투사하는 것은 누구나 한번 거치는 과정입니다. 그렇다면 인간을 빼닮은 창조물에 대한 사랑은 현대 장난감이 보급되며 나타난 현상일까요? 인간이 만든 창조물에 애정을 가지는 주제의 작품이 고대부터 여러 문화에서 나타나는 것을 보면, 이는 아주 오래된 인간의 본능인 듯합니다.

가장 유명한 예로는 그리스 신화에 등장하는 피그말리온이 있습니다. 자신이 창조한 조각상 갈라테이아와 사랑에 빠진 이 조각가의 이야기는 이후 여러 문학 작품과 연극, 영화에 영향을 미치지요(자세한 내용은 〈001. 인공지능〉 참조).

대중 작품에 나타난 가장 유명한 창조물은 피노키오입니다. 피노키오는 이탈리아 작가 카를로 콜로디가 1883년 출간한 소설 『피노키오의 모험』에 등장하는 나무 인형으로, 그의 창조자는 할아버지 제페토입니다. 피노키오는 거짓말도 하고 장난도 치며 말썽을 부리지만, 여러 경험을 통해 성장함으로써 결국 진짜 소년이 됩니다.

1900년 L. 프랭크 바움이 발간한 미국의 판타지 소설 『오즈의 마법사』에는 '양철 나무꾼'이 등장합니다. 그는 처음에는 진짜 나무꾼이었으나 마법에 걸려 몸이 양철판으로 교체된 양철 인간이지요. 양철 나무꾼은 심장을 가지고 싶어 하고, 이를 통해

자신이 만든 창조물과 사랑에 빠진 피그말리온

인간의 감정을 느끼고 싶어 합니다. 그래서 주인공 도로시와 함께 여정을 떠나게 되지요. 양철 나무꾼의 여행은 인간성과 감정에 대한 성찰이라 볼 수 있습니다. 이는 '인간이 만든 창조물이나 인공지능이 진정한 인간의 감정을 가질 수 있을까?'라는 고민과도 연결됩니다.

　이렇듯 여러 문화와 시대에서 인간이 만든 인간과 유사한 창조물에 대한 고민은 지속되었습니다. 아직 인공지능이 등장하지 않은 1900년 이전에도 이처럼 인간의 지능과 감정을 가진 기계에 대한 고민과 성찰이 있었다는 것을 보면 인류의 사고방식은 예나 지금이나 유사한 면이 있습니다. 우리는 과거에 벌어진 일을 반면교사 삼아 미래를 조망해 보곤 하지요. 인공지능 분야 역시 마찬가지입니다. 인류가 오랜 시간에 걸쳐 만들어 온 창조물과의 관계를 이해하는 것은 우리가 인공지능과 어떻게 상호작용하고 공존할지에 대한 중요한 단서를 제공해 줄 것입니다.

2장

인공지능의 역사

- ☑ 앨런 튜링
- ☐ 튜링 테스트
- ☐ 다트머스 워크숍
- ☐ 마빈 민스키
- ☐ 프랭크 로젠블랫
- ☐ 인공지능의 첫 번째 겨울
- ☐ 전문가 시스템
- ☐ 인공지능의 두 번째 겨울
- ☐ 제프리 힌턴
- ☐ 딥블루
- ☐ 알파고
- ☐ 챗GPT

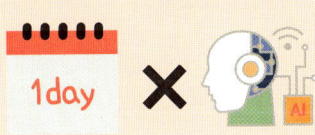

앨런 튜링

컴퓨터와 인공지능의 아버지

앨런 튜링Alan Turing(1912~1954)은 1912년 영국에서 태어난 컴퓨터 과학자이자 수학자입니다. 그는 컴퓨터 과학의 아버지라 불릴 정도로 이 분야에 큰 영향을 미쳤고, 인공지능 분야에서도 기념비적인 업적을 이루었습니다.

먼저, 그가 컴퓨터 과학 분야에서 이룬 업적부터 살펴볼까요? 1936년 튜링은 '튜링 머신Turing machine'이라는 가상의 기계를 제안합니다. 이 기계는 계산하는 기계들을 대표하는 일종의 가상 개념으로, 훗날 출시되는 컴퓨터의 원형이 됩니다. 기존에도 인간을 대신해 주는 계산 기계, 일명 계산기는 있었습니다. 대표적으로 파스칼과 라이프니츠가 만든 계산기가 있지요. 그런데 튜링은 여기서 한발 더 나아가 인간의 보편적인 일을 대신해 주는 기계의 개념을 주창했습니다. 컴퓨터라는 만능 기계의 탄생을 알린 셈이죠.

그는 컴퓨터 개념을 제시한 것에서 더 나아가 컴퓨터의 원형이 되는 기계를 발명해 수많은 목숨을 구합니다. 바로 제2차 세계대전에서 독일군의 암호 체계인 에니그마Enigma를 해독할 수 있는 기계를 발명한 것입니다. 에니그마는 기계로 만들어진 난공불락의 암호체계로, 암호를 풀기 위한 경우의 수가 무려 1해 5,900경에 이르렀습니다. 튜링은 기계가 만든 암호는 기계가 풀어야 한다는 신념으로 튜링 봄브Turing Bombe와 콜로서스Colossus라는 기계를 만들었고, 이 기계들의 활약으로 독일군의 암호는 해독할 수 있게 됨으로써 전황은 급속히 연합군에 유리해집니다. 결국 1945년,

제2차 세계대전은 연합군의 승리로 막을 내리게 되죠.

튜링이 이끄는 암호 해독팀이 독일군의 암호를 해독하지 못했더라도 독일을 비롯한 추축국의 패전은 유력한 상황이었습니다. 하지만 암호 해독으로 종전을 무

독일군 암호체계 에니그마 해독을 위해 튜링이 만든 기계 봄브

러 2년 앞당길 수 있었고, 이 성과는 1,400만 명의 목숨을 구한 것으로 평가받고 있습니다.

제2차 세계대전이 끝난 1950년, 앨런 튜링은 인공지능 역사에 길이 남을 논문을 발표합니다. 그 논문의 첫 시작은 다음과 같습니다. "기계는 생각할 수 있는가?" 기계가 인간처럼 생각할 수 있는지에 대한 고민을 이어가던 그는 이를 판단하기 위한 실험인 '튜링 테스트'를 제안합니다. 인간과 기계 사이의 지능적 차이를 탐구한 그의 이론과 아이디어로부터 인공지능 연구는 시작되었다고 해도 과언이 아니지요. 그가 컴퓨터와 인공지능의 아버지인 이유입니다.

하지만 그의 삶은 비극적으로 끝이 납니다. 1952년 동성애자라는 이유로 체포되었는데요. 당시 영국에서는 동성애가 불법이었습니다. 이에 대한 벌로 성 충동 약물 치료를 받은 그는 신체적, 정신적 고통을 받다가 1954년 41세라는 젊은 나이에 자살로 생을 마감합니다. 사후 그의 공을 기리기 위해 컴퓨터 과학계에서는 매년 가장 큰 업적을 남긴 사람에게 '튜링상'을 수여합니다. 컴퓨터 과학의 노벨상이라고도 불리는 상이지요. 또한, 2013년 영국 정부는 그를 사면 복권하며 업적을 인정했고, 오늘날 영국의 50파운드 신권에는 그의 초상이 사용되고 있습니다.

튜링 테스트

기계도 사람처럼 생각할 수 있을까?

인공지능과 컴퓨터의 아버지 앨런 튜링은 1950년 역사에 길이 남을 논문을 발표합니다. 「컴퓨팅 기계와 지능Computing Machinery and Intelligence」에서 튜링은 컴퓨터가 '생각'할 수 있는지에 대한 질문을 던지며, 이를 검증하기 위한 방법으로 '모방 게임Imitation game'을 제안합니다. 이 게임은 훗날 '튜링 테스트'로 더 잘 알려집니다. 튜링이 처음 제안했던 방법의 이름은 2015년 앨런 튜링의 이야기를 다룬 영화 〈이미테이션 게임〉이 개봉하면서 일반에게도 알려지게 되지요.

튜링 테스트의 기본 아이디어는 간단합니다. 인간이 컴퓨터와 대화하고 그 대화를 통해 인간이 자신의 대화 상대가 컴퓨터인지 사람인지 구분할 수 없다면, 그 컴퓨터는 인간처럼 생각할 수 있다고 보는 것입니다.

튜링 테스트를 위해서는 참가자 셋이 필요합니다. 심사를 하는 사람이 한 명 있고, 답변을 하는 사람과 컴퓨터가 있습니다. 이들은 텍스트를 기반으로 대화합니다. 심사관의 목표는 대화를 통해 누가 컴퓨터이고 누가 사람인지를 판별하는 것입니다. 만약 심사관이 컴퓨터와 나눈 대화를 인간과 나눈 대화로 판별한다면, 그 컴퓨터는 튜링 테스트를 통과한 것으로 간주합니다.

이후 튜링 테스트는 인공지능 연구에 중요한 기준점이 됩니다. 이 테스트를 통해 연구자들은 인공지능의 발전 수준을 측정할 수 있게 되었습니다. 또한 기계가 사람처럼 생각할 수 있는지에 대한 질문을 던지며, 인공지능이 사회와 문화에 어떤 영향을 미칠지도 생각해 보는 계기가 되었지요.

오늘날 많은 인공지능이 사회에서 활용되고 있습니다. 하지만 튜링 테스트를 통과했다고 평가받는 인공지능은 많지 않습니다. 2014년 '유진 구스트만Eugene Goostman'이라는 챗봇이 튜링 테스트를 통과했다는 뉴스가 전 세계를 떠들썩하게 했습니다. 하지만 비평가들은

AI로 생성한 '튜링 테스트' 이미지

유진 구스트만이 인간처럼 사고하는 것을 보여 준 것이 아니라 인간의 대화처럼 보이게 말하고 인간처럼 실수하는 모습을 의도적으로 보여 주었다고 지적했습니다.

2022년 출시된 챗GPT가 튜링 테스트를 통과했다고 보는 시각도 있습니다. 인간처럼 논리적이며 일관된 대화를 이어 나가는 챗GPT는 무척 사람과 흡사하지요. 하지만 튜링 테스트 통과 여부와는 별개로, 챗GPT는 인간처럼 생각하고 이해하는 능력을 갖추었다기보다는 대량의 데이터에서 응답을 생성하는 기술에 가깝다는 의견이 많습니다.

이처럼 인공지능 기술이 발전함에 따라 과거에 제안된 튜링 테스트만으로 인공지능의 성능을 측정하기는 점차 어려워지고 있습니다. 그래서 더 진화된 튜링 테스트를 제안하는 학자들도 있습니다. 그렇더라도 기계와 인간 사이의 관계에 대해 처음 생각해 보게 한 튜링 테스트의 가치만큼은 영원할 것입니다.

다트머스 워크숍

인공지능이라는 이름은
언제 처음으로 생겨났을까?

오늘날 우리가 흔히 쓰는 '인공지능'이라는 용어의 유래를 아시나요? 이를 알아보기 위해서는 1955년 미국으로 가야 합니다. 당시 다트머스 대학Dartmouth College의 젊은 조교수였던 존 매카시John McCarthy(1927~2011)는 생각하는 기계를 만드는 문제를 고민하고 있었습니다. 그 과정에서 발표한 논문에 인공지능Artificial Intelligence이라는 단어를 처음 쓰게 되지요. 인공지능의 개념은 이전부터 있었지만, 그것을 정확하게 인공지능이라고 부른 것은 여기서부터입니다.

그리고 매카시는 동료 연구자인 마빈 민스키Marvin Minsky(1927~2016), 너새니얼 로체스터Nathaniel Rochester(1919~2001), 클로드 섀넌Claude Shannon(1916~2001)과 함께 인공지능을 논하는 워크숍을 개최하기 위해 록펠러 재단에 제안서를 보냅니다. 이 제안서 제목에도 인공지능이라는 단어가 등장합니다. 드디어 인공지능이라는 이름이 본격적으로 등장한 것이지요.

1956년 여름, 다트머스 대학에서 드디어 역사적인 회의가 열립니다. 이 회의는 '다트머스 워크숍Dartmouth workshop'이라 불립니다. 약 두 달의 기간 동안 학자들은 이곳에 모여 컴퓨터가 어떻게 인간의 지능적인 행동을 모방할 수 있는지에 대해 토론했습니다. 이제 막 인공지능이라는 용어가 탄생하고, 아직 연구 방향성이 확실히 정립되지 않은 시기였지만, 참가자들은 인공지능 연구에 대한 큰 꿈과 기대를 공유했습니다. 인공지능 연구가 본격적으로 시작되는 계기가 된 거죠.

인공지능의 올스타가 모두 모인 1956년의 다트머스 워크숍

　워크숍에 참가한 학자들은 이후 인공지능, 더 나아가 컴퓨터과학 분야를 이끄는 선구자가 됩니다. 특히 인공지능이라는 이름을 만든 존 매카시는 평생을 인공지능 연구에 헌신합니다. 1962년 스탠퍼드 인공지능 연구소를 설립했으며, 이 연구소는 오늘날까지도 활발하게 인공지능 연구를 이끌어가고 있습니다. 1971년에는 연구 공로를 인정받아 컴퓨터계의 노벨상인 튜링상을 수상했습니다. 그리고 2006년 한 인터뷰를 통해 '인간의 사고를 확장하는 데 인공지능을 활용해야 한다'는 비전을 제시했습니다. 누구보다 인공지능의 미래를 긍정적으로 바라본 그를 'AI의 선구자Founding Fathers'로 부르는 이유지요.

　워크숍에 참가한 학자였던 허버트 사이먼Herbert Simon(1916~2001)과 앨런 뉴웰Allen Newell(1927~1992) 역시 '인공지능과 인지 심리학'에 기여한 공로로 1975년 튜링상을 수상했습니다. 사이먼은 1978년 노벨 경제학상까지 수상하는 영예를 안게 됩니다. 또 다른 참가자인 아서 사무엘Arthur Samuel(1901~1990)은 1959년 '머신러닝'이라는 용어를 만들었으며, 세계 최초 자가 학습 프로그램 중 하나인 체커 게임 프로그램을 만듭니다. 지금 와서 돌이켜보면 다트머스 워크숍은 인공지능의 올스타들이 모인 기념비적인 자리였네요.

마빈 민스키

컴퓨터를 인간처럼
생각하게 만들 수 있을까?

'컴퓨터를 인간처럼 생각할 수 있게 만드는 것'은 인공지능 분야의 선구자 마빈 민스키의 오랜 꿈이었습니다. 그는 1927년에 태어나 비교적 최근인 2016년에 별세했는데요. 매사추세츠 공과대학교MIT에서 오랫동안 교수로 지내며 인공지능 연구에 큰 발자취를 남겼습니다. 앞서 언급했던 튜링상을 1969년에 수상하기도 했지요.

민스키의 연구 철학은 '인간은 생각하는 기계다'라는 한 문장으로 표현할 수 있습니다. 그는 인간의 생각과 마음도 하나의 복잡한 기계라고 보았는데요. 그의 관점에서 보면 우리의 생각, 감정, 기억 등 모든 정신 활동은 뇌라는 기계가 처리하는 정보의 결과입니다. 이러한 생각은 민스키가 인공지능 연구에 접근하는 방식에 큰 영향을 미쳤습니다. 그는 인간의 지능을 모방하는 기계를 만들기 위해서는 먼저 인간의 사고 과정을 이해해야 한다고 믿었지요.

이처럼 그의 가장 중요한 업적은 인공지능 분야의 기초를 마련했다는 점입니다. 인공지능이 단순히 명령을 수행하는 기계가 아니라, 인간처럼 스스로 학습하고 문제를 해결할 수 있는 시스템이 되어야 한다고 주장했지요. 이러한 생각들을 후대 학자들이 발전시켜 인공지능은 오늘날 우리 생활 곳곳에 적용되고 있습니다.

1985년 민스키는 그의 대표 저서인『마음의 사회The Society of Mind』를 발표합니다. 그간 학술적 자료만 발표하던 것과 달리 이 책은 일반인도 이해할 수 있게 쓰였는데요. 여기에서는 인간의 마음이 어떻게 작동하는지에 대한 그의 생각이 잘 나타나 있

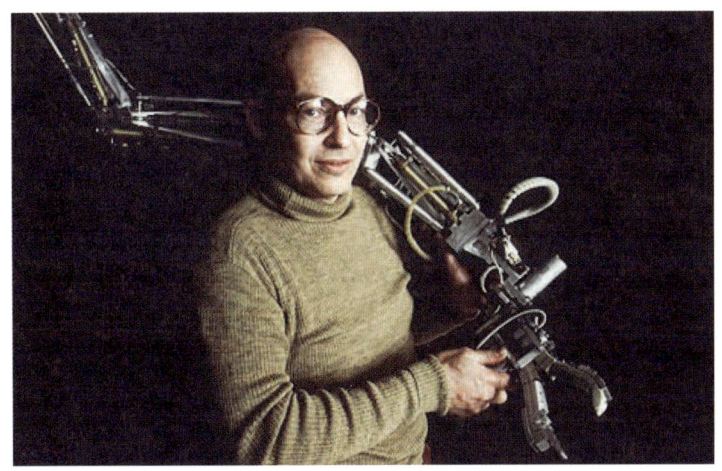

인공지능 분야의 기초를 마련한 마빈 민스키

습니다. 그가 이 책에서 이야기하는 내용의 핵심은 마음이 에이전트agent라고 불리는 작은 과정들로 구성되어 있다는 것입니다. 그는 우리의 뇌를 사회society에 비유했고, 그 안에 수많은 작은 에이전트들이 각자 특정한 임무를 수행하고 있다고 했습니다. 어떤 에이전트는 시각을 담당하고, 어떤 에이전트는 기분 변화를 관리하지요. 또한 에이전트는 혼자 일하지 않고, 끊임없이 소통하고 협력하며 사회를 이뤄갑니다. 마치 영화 〈인사이드 아웃〉에 나오는 감정들과 비슷하지 않나요? 이처럼 민스키의 저서는 인공지능에 대한 내용뿐 아니라 인지과학, 심리학, 철학 등 인문학을 아우르는 통찰력을 담고 있습니다.

그의 평생에 걸친 노력은 인공지능의 발전에 큰 영향을 주었습니다. 단순히 계산하는 기계가 아닌 인간처럼 생각하는 기계를 만들고자 했던 그의 신념은 후배 학자들이 이어가고 있습니다. 그가 꿈꾸던 인공지능이 활약하는 시대가 현실로 다가오고 있습니다.

프랭크 로젠블랫

신경망의 작동 원리를
컴퓨터로 구현할 수 있을까?

인공지능 개념이 등장한 이후 많은 학자들은 사람의 뇌에 있는 신경망의 작동 원리를 컴퓨터로 구현하고자 다양한 시도를 했습니다. 그중 해답을 제시한 사람이 바로 프랭크 로젠블랫Frank Rosenblatt(1928~1971)입니다. 코넬대에서 심리학 박사 학위를 받은 그가 가장 궁금해했던 것은 바로 뇌의 작동 원리였습니다.

이미 뇌의 뉴런을 수학적으로 모델링한 '맥컬록-피츠 모델McCulloch-Pitts Model'은 1943년에 발표된 바 있습니다. 로젠블랫은 여기에 가중치weight 개념을 추가해 1958년 퍼셉트론perceptron을 공개합니다. 하드웨어로 구현된 최초의 신경망 모델로, 미해군 연구소에서 시연에도 성공해 많은 이들의 관심을 받지요. 당시 유력 신문들에서는 인공지능 시대가 머지않았다는 낙관론이 피어오릅니다.

하지만 퍼셉트론의 등장이 반갑지 않던 인물이 있었습니다. 앞서 소개한 마빈 민스키를 비롯한 인공지능 학계 주류들이었습니다. 이들은 이른바 '기호주의symbolism'라 불리는 학파를 형성하며 인공지능 연구를 주도하고 있었는데요. 기호주의란 사람의 지식을 기호와 규칙의 형태로 컴퓨터에 입력하는 방식을 기반으로 합니다. 기호주의 진영은 대중의 관심이 퍼셉트론 연구로만 이어지는 것을 두려워했고, 인공지능 연구의 주도권을 놓고 경쟁을 시작합니다. 참고로 민스키와 로젠블랫은 고등학교 1년 선후배 사이입니다. 민스키가 선배였죠. 역사의 아이러니가 느껴지는 부분입니다.

인간 뇌의 신경망 작동 원리를 컴퓨터로 구현하고자 한 프랭크 로젠블랫

1969년 민스키와 그의 동료 시모어 페퍼트Seymour Paper(1928~2016)는 『퍼셉트론 즈Perceptrons』라는 책을 발표해 퍼셉트론의 한계를 비판합니다. 이 책은 퍼셉트론이 특정 문제를 풀 수 없다는 것을 수학적으로 증명한 내용을 담고 있었습니다. 결국 이로 인해 신경망 연구에 대한 관심과 지원은 그만 뚝 끊어지고 맙니다. 이후 1971년, 로젠블랫은 43번째 생일날 보트 사고로 사망하는데 일부에서는 자살로 추정할 정도로 비극적인 죽음이었습니다.

하지만 로젠블랫이 피워 놓은 신경망 연구의 불씨는 죽지 않았습니다. 1986년 제프리 힌턴이 퍼셉트론이 가지고 있던 문제를 해결할 수 있는 방안을 발견함으로써 신경망 연구는 화려하게 부활합니다. 이후 흐름이 계속 이어지며 오늘날의 딥러닝까지 발전하게 됩니다. 로젠블랫은 비극적으로 생을 마감했지만, 그가 가고자 했던 길은 절대 틀리지 않았습니다. 늦었지만 그를 기리기 위해 가장 큰 전기·전자 협회인 전기전자공학자협회IEEE에서는 IEEE 로젠블랫상을 설립하여 2004년부터 시상하고 있습니다.

인공지능의 첫 번째 겨울

잘나가던 인공지능 연구가
주춤하게 된 이유는?

초기 인공지능을 연구했던 학자들은 이른 시일 내에 기계가 사람처럼 생각하고, 학습하고, 문제를 해결할 수 있을 것이라 기대했습니다. 그들은 기계가 언어를 이해하고, 이미지를 인식하며, 복잡한 계산을 뚝딱 해낼 수 있을 것이라고 믿었지요.

앞서 소개한 다트머스 워크숍에 참여한 저명한 인공지능학자인 허버트 사이먼과 앨런 뉴웰은 1958년, "10년 이내에 컴퓨터가 체스 세계 챔피언을 이길 것이다. 그리고 컴퓨터는 새로운 수학적 정리를 발견하고 증명할 것이다"라는 이야기를 합니다. 또한 허버트 사이먼은 1965년, 앞으로 20년 안에 기계는 사람이 할 수 있는 모든 일을 할 수 있다고 선언하죠. 마빈 민스키 역시 1970년, "3~8년 안에 우리는 평균 정도의 인간 지능을 가진 기계를 가지게 될 것이다"고 하며 인공지능의 미래를 낙관적으로 바라봤습니다.

하지만 인공지능이 단기간 내 인간의 지능을 모방할 수 있을 것이라는 연구자들의 주장은 실현되지 않았습니다. 여기에 실망한 정부와 기업의 연구 자금이 크게 줄어들고 말지요. 이처럼 인공지능 연구와 개발에 대한 관심과 투자가 많이 감소한 시기인 1974년에서 1980년까지를 '첫 번째 AI 겨울First AI Winter'이라고 부릅니다.

인공지능이 이 같은 겨울을 맞이하게 된 데에는 대중의 과도한 기대도 있었지만, 인공지능 자체가 한계를 드러낸 점도 있습니다. 앞서 〈010. 프랭크 로젠블랫〉 편에서 설명한 것처럼 하드웨어로까지 구현되었던 프랭크 로젠블랫의 퍼셉트론이 특정

1970년대 연구와 개발에 대한 관심과 투자가 줄어들며 인공지능은 첫 번째 겨울을 맞이했습니다.

문제를 푸는 데 적합하지 않다는 것이 마빈 민스키에 의해 밝혀지며 신경망에 대한 관심이 줄어들고 맙니다. 민스키가 증명한 것은 로젠블랫의 퍼셉트론이 한계를 가지고 있다는 것이었지만, 당시에는 인공신경망 자체가 한계를 가지고 있는 것으로 받아들여졌습니다.

이러한 요인들로 인공지능 분야는 큰 침체기에 빠집니다. 인공지능 연구에 지원이 끊기고, 인공지능의 가능성에 대한 회의적 전망이 퍼져 나가게 됩니다. 이는 인공지능 분야의 발전을 크게 늦추게 하지요.

하지만 포기하지 않는 자들에게 길은 열립니다. 어려운 시기를 거치며 연구자들은 인공지능의 발전을 위해서는 더 현실적인 목표와 접근법이 필요하다는 것을 깨닫습니다. 주어진 문제를 하나하나 해결해 나갈 수 있는 인공지능부터 만드는 것을 목표로 하게 됩니다. 또한, 인공지능 연구가 장기적인 관점에서 이루어져야 한다는 생각들이 학계에 퍼지게 됩니다. 겨울잠을 자는 개구리가 겨우내 에너지를 모았다가 봄에 뛰어나오듯이 인공지능을 연구하는 이들 역시 겨울을 허투루 보내지 않고 다가올 봄을 기다리고 있었습니다.

전문가 시스템

컴퓨터가 전문가처럼 조언을 해준다고?

겨울이 지속되던 인공지능 학계에 드디어 봄이 찾아왔습니다. 봄의 중심에는 '전문가 시스템Expert System'이 있었습니다. 전문가 시스템은 당시 인공지능 기술의 발전을 그대로 담은 최신 기술로, 특정 분야의 전문가처럼 판단하고 조언을 주는 프로그램이었습니다. 예를 들어 의학, 금융, 엔지니어링 등 복잡한 분야에서 전문가의 지식을 컴퓨터에 입력하면, 그 시스템이 대신 답변할 수 있었습니다.

전문가 시스템은 시장에 빠르게 확산되었습니다. 1982년 9월 유명 과학 저널인 『사이언스』에는 전문가 시스템인 프로스펙터Prospector가 새로운 광맥을 발견했다는 내용이 발표되었습니다. 금융회사인 아멕스Amex는 신용거래 승인 전문가 시스템을 개발해서 업무 효율을 20퍼센트 향상시켰다고 발표했습니다. 스탠퍼드에서 개발한 의학용 전문가 시스템인 마이신MyCin은 혈액 감염증의 진단과 항생 물질을 이용한 치료 방식을 조언하는 시스템으로, 의료 분야에서 널리 활용되었습니다.

하지만 이처럼 빠르게 확산되던 전문가 시스템은 1980년대 중반부터 시장에서 외면을 받기 시작합니다. 전문가 시스템이 한계를 드러낸 이유는 무엇일까요? 우선, 이 시스템은 오직 입력된 정보와 규칙에만 의존합니다. 그렇기에 시스템 외부에서 새로운 상황이 벌어지면 대응하지 못했습니다. 새로운 규칙이 발견될 때마다 시스템을 업데이트해야 했지요. 또한, 규칙을 매번 수동으로 수정하는 데 큰 비용이 들었습니다. 그런데 무엇보다 제일 큰 문제는 전문가의 지식을 입력하는 것 자체가 쉽지 않

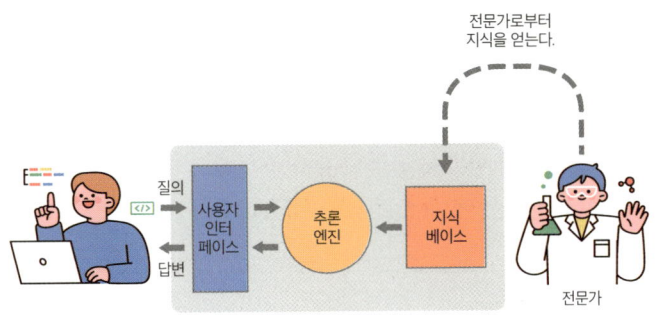

전문가로부터
지식을 얻는다.

질의
사용자
인터
페이스
답변

추론
엔진

지식
베이스

전문가

전문가의 지식을 컴퓨터에 입력하면 그 시스템이 전문가인 것처럼 답변해주는 전문가 시스템

다는 것이었습니다. 특정 분야의 전문가를 찾고 그들의 지식을 추출하는 과정이 매우 복잡하고 어려웠지요. 이 과정에서 많은 시간과 비용이 발생할 수밖에 없었습니다. 잦은 실수도 문제였습니다. 전문가의 지식을 완벽하게 모방하기 어려웠고, 시스템에서의 작은 오류가 큰 문제를 일으키곤 했습니다.

결국 이러한 단점을 극복하지 못하고 전문가 시스템은 인공지능의 주류에서 밀려나고 맙니다. 오늘날도 전문가 시스템을 활용하는 분야가 일부 있지만, 전체 인공지능 산업 대비 그 비중은 적은 편입니다. 하지만 전문가 시스템을 통해 한계를 느낀 학자들은 새로운 방향을 찾기 시작합니다. 이러한 노력이 오늘날의 인공지능 기술 발전으로 이어지게 됩니다.

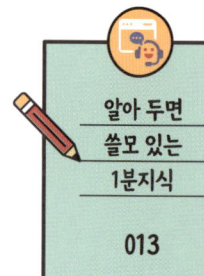

인공지능의 두 번째 겨울

인공지능 학자들의 발상에
대전환을 가져온 계기는?

1980년대가 시작했을 때만 해도 인공지능 분야는 큰 기대에 부풀어 있었습니다. 하지만 1980년대 말이 되면서 다시 어려운 시기가 찾아옵니다. 전문가 시스템이 등장하며 인공지능 연구에 봄날이 올 것 같았지만, 겨울이 다시 찾아온 겁니다.

인공지능의 두 번째 겨울Second AI Winter이 찾아온 가장 큰 이유는 역시 기대했던 성과가 나오지 않았기 때문입니다. 앞서 소개한 전문가 시스템이 의사, 변호사, 과학자처럼 전문 분야에서 맹활약할 수 있을 것이라 많은 사람이 기대했습니다. 이에 기업과 연구소는 큰 비용을 투자했지요. 하지만 전문가 시스템은 사람 전문가만큼 유연한 대응을 하지 못했습니다. 비용도 많이 들었고 유지보수도 어려웠죠. 결국 기업과 연구소는 투자 비용 대비 충분한 가치를 얻지 못하게 됩니다. 1990년 『월스트리트저널』이 한때 40억 달러 규모로 성장할 것이라던 전문가 시스템 시장이 6억 달러 규모밖에 성장하지 못했다며, 장밋빛 전망에 속았다는 한탄 조의 기사를 낼 정도였습니다.

두 번째 겨울이 찾아온 또 다른 원인으로는 컴퓨터 하드웨어의 한계가 있습니다. 당시의 컴퓨터는 오늘날처럼 강력하지 않아 복잡한 연산을 빠르게 처리할 수 없었습니다. 수많은 규칙에서 정답을 찾아야 하는 전문가 시스템은 강력한 하드웨어가 필요했지만, 이를 뒷받침할 기술이 발전하지 못했던 거죠. 이러한 기술적 제약은 인공지능 연구의 발전을 더디게 만들었습니다.

인공지능에 찾아온 두 번째 겨울은 인공지능 스스로 지식을 배우게 만드는 발상의 전환을 가져왔습니다.

그럼에도 인공지능의 두 번째 겨울은 중요한 교훈을 남깁니다. 당시까지 인공지능을 연구했던 학자들은 사람이 규칙을 만들어 기계에 투입하는 방식을 시도했습니다. 하지만 이러한 방식이 성공을 거두지 못하자 학자들은 발상을 대전환합니다. 인공지능이 스스로 지식을 배우게 만들고자 한 것이지요. 기계가 데이터를 학습한 후 스스로 규칙을 찾는 방식 말입니다. 오늘날 우리가 얘기하는 딥러닝 방식인 거죠.

이제 프랭크 로젠블랫이 제안했던 퍼셉트론을 기반으로 하는 신경망이 다시 화려하게 꽃피울 준비를 합니다. 하지만 꽃을 피우기 전, 앞서 퍼셉트론의 문제로 지적되었던 부분들을 해결해야겠지요? 이를 해결하기 위해 등장하는 인물이 바로 제프리 힌턴입니다.

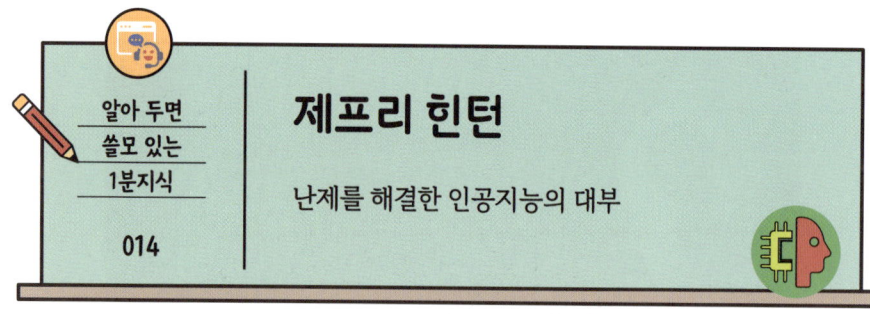

제프리 힌턴

난제를 해결한 인공지능의 대부

오늘날 가장 유명한 인공지능 학자는 제프리 힌턴Geoffrey Hinton(1947~)이라고 해도 과언이 아닙니다. '인공지능의 대부'라 불리는 그는 현대 인공지능 기술, 특히 딥러닝의 발전에 지대한 영향을 미친 인물입니다.

1947년 영국에서 태어난 힌턴은 영국의 에든버러 대학교에서 인공지능을 공부했습니다. 이후 미국으로 건너와 본격적으로 신경망을 연구하기 시작했지요. 그의 연구 여정이 늘 순탄했던 것은 아닙니다. 초기인 1980년대에는 신경망 연구가 큰 관심을 받지 못했고, 심지어 비판의 대상이 되기도 했습니다. 그럼에도 힌턴은 자신의 연구에 대한 확신을 가지고 있었죠. 그의 끈기와 열정이 오늘날 딥러닝이라는 기적의 기술을 탄생시킬 수 있었습니다.

제프리 힌턴의 가장 중요한 업적은 '다층 퍼셉트론Multilayer perceptron, MLP'과 '역전파 알고리즘Back-propagation algorithm'을 제안한 것입니다. 1986년 데이비드 럼멜하트David Rumelhart(1942~2011)를 비롯한 동료 연구자들과 발표한 논문에 포함된 이 기술들은 퍼셉트론이 가지고 있던 문제를 해결해 낸 기념비적인 기술입니다. 여러 개의 신경망을 통해 만든 다층 퍼셉트론과 오류를 잡아가는 역전파 과정을 통해 신경망은 오랜 난제를 극복하고 성능을 대폭 개선하게 됩니다. 오늘날 딥러닝 기술의 핵심 알고리즘 중 하나이죠.

이후 힌턴은 2006년 심층 신뢰 신경망Deep Belief Network을 제안하는 논문을 발표

합니다. 이 논문에서 제안한 방식
이 바로 여러 층의 신경망을 겹겹
이 쌓아 올리는 것입니다. 오늘
날 딥러닝의 원형이라 할 수 있습
니다. 이로 인해 본격적인 딥러닝
시대가 막을 올리게 됩니다.

딥러닝 발전에 지대한 영향을 미친 제프리 힌턴

제프리 힌턴은 자신의 지식
을 사회에 공유하는 데도 적극

적이었으며 수많은 제자를 양성했습니다. 제자인 얀 르쿤Yann LeCun(1960~), 요슈아
벤지오Yoshua Bengio(1964~)와 함께 개발한 딥러닝 알고리즘인 CNNConvolutional Neural
Network은 이미지 인식 분야에서 압도적인 성능을 보이며 딥러닝의 전성기를 열게 됩
니다. 이 공로로 힌턴과 르쿤, 벤지오는 2018년 튜링상을 수상합니다. 그리고 2024
년, 딥러닝과 인공지능 분야의 연구를 선도한 공로로 노벨 물리학상을 수상하게 됩
니다. 언뜻 생각하면 인공지능과 물리학은 연관성이 없어 보이지만, 딥러닝의 근원
이 물리학 이론에서 비롯된 점이 수상의 이유로 작용했습니다. 또한, 인공지능 시대
를 연 공로도 인정받았다고 볼 수 있습니다.

힌턴은 이후 구글에서도 겸직하며 연구를 활발히 이어가는데요. 2023년 갑작스
럽게 구글에서 퇴사합니다. 퇴사하며 그는 인공지능의 발전으로 인해 위험성이 증
가하고 있다는 경고의 내용을 담은 성명을 발표합니다. 인공지능의 대부가 직접 인
공지능의 발전이 인류에게 위협이 될 수 있다고 밝혔기에 그 충격은 더 컸죠. 지금
도 인공지능의 위험성에 대해서는 수많은 학자들의 의견이 첨예하게 나뉘는 상황
입니다.

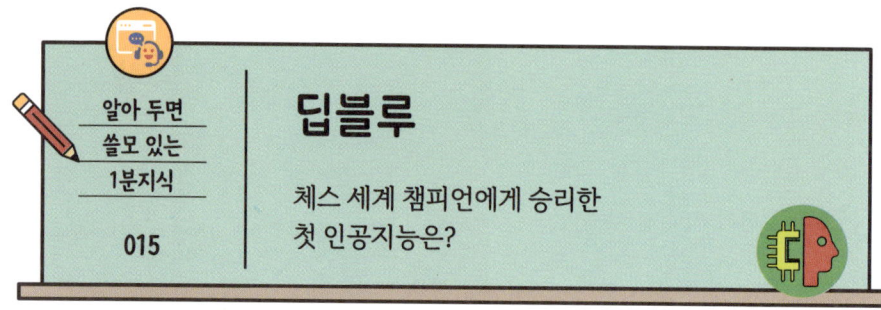

알아 두면
쓸모 있는
1분 지식

015

딥블루

체스 세계 챔피언에게 승리한
첫 인공지능은?

기계가 인간을 이긴다는 것이 놀랍지 않은 요즘입니다. 하지만 1997년, 기계가 인간을 처음으로 이겼다는 소식은 모두를 놀라게 했죠. 인간을 이긴 첫 컴퓨터로 역사에 이름을 올린 것은 IBM이 개발한 체스 전용 슈퍼컴퓨터, '딥블루Deep Blue'입니다. 딥블루는 세계 체스 챔피언 가리 카스파로프Garry Kasparov(1963~)와의 대국에서 승리하며 인공지능이 인간의 지능을 능가할 수 있다는 가능성을 세계에 처음 알립니다.

1990년대 초, IBM에서는 체스를 두는 인공지능을 개발하기로 합니다. 체스는 서양식 장기 게임으로 수많은 경우의 수를 가지고 있습니다. 연구팀은 복잡한 전략과 무한한 가능성을 지닌 체스에서 인간을 이길 수 있는 컴퓨터를 만들기 위해 수많은 시간을 투자합니다. 그렇게 탄생한 딥블루는 매우 복잡한 알고리즘과 엄청난 계산 능력을 사용해 체스에서 발생할 수 있는 수많은 경우의 수를 평가했습니다. 그리고 그중 최적의 수를 결정했습니다.

1996년, IBM의 딥블루는 드디어 세계 체스 챔피언 카스파로프에게 도전장을 던집니다. 하지만 이때 카스파로프는 딥블루를 이겨버리고 말죠. 이를 지켜본 대중들은 인간의 지능이 여전히 컴퓨터를 앞선다고 생각했습니다. 하지만 IBM은 이 패배로부터 중요한 교훈을 얻었고, 딥블루를 더욱 발전시키기로 합니다.

우선 딥블루는 체스 전용 칩의 수를 16개에서 480개로 대폭 늘립니다. 하드웨어를 강화한 거죠. 그리고 알고리즘을 개선했고, IBM이 고용한 다수의 체스 전문가가

1997년 세계 챔피언 카스파로프와의 체스 대결에서 딥블루가 인공지능 최초로 승리를 거둔다.

카스파로프의 이전 게임 기보를 분석해 그를 이길 수 있는 전략을 세웁니다. 이렇게 업그레이드된 딥블루는 1997년 카스파로프에게 재도전합니다.

1997년 펼쳐진 재대결은 손에 땀을 쥐는 명승부였습니다. 총 6경기 중 5경기가 끝난 시점에서 1승 3무 1패로 팽팽했으나, 마지막 경기에서 딥블루가 이기며 최종적으로 2승 3무 1패로 딥블루가 승리합니다. 딥블루가 세계 최초로 인간 챔피언에게 승리한 컴퓨터로 등극하는 순간이었습니다. 반대로 카스파로프는 컴퓨터에 패배한 최초의 세계 챔피언으로 기록되었죠.

이 사건은 인공지능 기술이 인간의 지능을 뛰어넘을 수 있다는 가능성을 세계에 처음으로 보여주었기에 인공지능 역사에서 중대한 사건으로 평가받습니다. 1996년의 패배에도 IBM의 끈질긴 노력으로 만들어진 딥블루의 승리는 인공지능 분야의 중요한 발전으로 이어졌습니다. 그럼에도 대중들은 아직 사람이 완전히 인공지능에 패배한 것은 아니라고 생각했습니다. 그것은 바로 경우의 수가 무한에 가까운 '바둑'이라는 끝판왕이 남아 있었기 때문입니다. 바둑에서만큼은 사람이 인공지능에 지지 않을 것이라는 믿음이 굳건했습니다.

알아 두면
쓸모 있는
1분지식

016

알파고

바둑 세계 챔피언과의 대국에서
알파고가 승리한 이유는?

2016년 3월, 전 세계의 이목이 서울로 집중됩니다. 광화문에 위치한 포시즌스 호텔에서 열린 구글 딥마인드 챌린지 매치Google Deepmind Challenge Match 때문입니다. 구글이 마련한 이 대결은 바로 인간과 인공지능의 대결로 바둑의 세계 챔피언, 한국의 이세돌 9단과 인공지능 알파고AlphaGo의 역사적인 맞대결이었습니다.

알파고는 구글이 인수한 영국의 인공지능 기업인 딥마인드DeepMind가 개발한 인공지능 프로그램입니다. 앞서 살펴본 체스라는 분야에서는 1997년 인공지능이 세계 챔피언을 이긴 바 있습니다. 하지만 고도의 전략적 사고를 요하고, 경우의 수가 무한에 가까운 바둑이라는 게임에서 인공지능이 인간을 이길 수 있겠냐는 질문은 계속해서 제기되어 왔고, 이런 질문에 답을 준 것이 바로 알파고입니다.

인간과 기계의 바둑 시합은 어떻게 진행될까요? 이세돌 9단의 맞은편에 딥마인드의 인공지능 연구자인 아자 황Aja Huang 박사가 앉았습니다. 그가 알파고를 대신해 돌을 놓았는데요. 알파고는 런던의 딥마인드 본사에서 운용했고, 미국 중서부에 위치한 구글 클라우드 서버를 활용했습니다. 원격에서 알파고가 다음 수를 알려주면 아자 황이 돌을 놓는 방식이었지요.

대국 결과는 예상 밖이었습니다. 알파고가 처음 세 판을 연달아 승리하며 전 세계를 충격에 빠트렸지요. 하지만 4번째 게임에서 이세돌 9단은 알파고의 약점을 꿰뚫는 '신의 한 수'를 통해 기적 같은 승리를 거둡니다. 아쉽게도 마지막 5국은 다시 알

2016년 열린 알파고와 이세돌 9단의 바둑 대국

파고의 승리로 마무리되며 최종 4승 1패, 알파고의 승리로 돌아갔습니다.

알파고의 승리 비결은 무엇일까요? 알파고는 기존의 인공지능과 달리 자가 학습 능력을 갖추고 있었습니다. 딥러닝과 강화학습을 활용해 바둑의 수많은 가능성을 스스로 학습함으로써 그중 최선의 수를 선택할 수 있었지요. 알파고는 이전 바둑 경기를 분석해 수천, 수만 가지의 패턴을 인식하고, 이를 통해 사람보다 더 우수한 수를 둘 수 있었습니다.

알파고의 승리는 기술적 측면과 아울러 사회적, 문화적으로도 의미가 큽니다. 많은 이들이 바둑에서 인공지능이 인간을 이길 것이라 예상하지 못했기 때문입니다. 인공지능이 사람을 이겼다는 사실에 주목하며 인간과 기계의 관계에 대해 부정적 전망을 하는 사람이 늘어나기 시작했습니다. 반대로 인공지능이 의료, 과학, 교육 등 다양한 분야에서 어떻게 활용될 수 있을지에 대한 기대를 하는 사람들도 많아졌습니다. 무엇보다 알파고 덕에 인공지능 기술의 발전을 체감하게 된 대중들이 늘어났고, 인공지능 기술의 발전에 투자가 몰리기 시작했습니다. 알파고의 승리로 인공지능계의 걷잡을 수 없는 변화가 시작된 것입니다.

챗GPT

AI 시대는 챗GPT 이전과 이후로 나뉜다?

바둑에서 알파고가 이세돌 9단을 이겼지만, 대중은 여전히 인공지능은 특정 분야에서만 뛰어난 능력을 보인다고 생각했습니다. 영화에 자주 등장하는, 모든 일을 척척 해내는 인공지능의 등장은 아직 먼 미래라고 생각했지요. 하지만 2022년 11월 30일 오픈AI의 챗GPTChatGPT가 혜성같이 나타나 인공지능이 우리 세상의 주연으로 떠오르게 됩니다.

챗GPT는 대형 언어 모델Large Language Models, LLMs을 기반으로, 사용자와 대화를 자유자재로 주고받는 일종의 챗봇 프로그램입니다. 챗GPT 출시 이전에도 많은 대화형 인공지능 프로그램이 있었습니다. 하지만 이들은 인간의 언어를 제대로 이해하지 못하고, 엉뚱한 답변을 내놓기 일쑤였습니다. 반면, 챗GPT는 대량의 언어 학습과 딥러닝 기술 등을 접목함으로써 말의 앞뒤 문맥을 파악하고 이전 대화를 기억하면서 자연스럽게 대화할 수 있었습니다. 실제 사람과 대화하는 듯한 느낌을 챗GPT와 대화하면서 받았던 거죠. 더 나아가 전문적인 지식도 척척 대답하는 모습은 놀라움 그자체였습니다.

챗GPT는 출시 후 얼마 지나지 않아 사용자 1억 명을 확보했고, 당시 기준으로 역사상 가장 빠르게 성장한 소프트웨어가 되었습니다. 아무도 예상하지 못한 챗GPT의 대중적인 성공은 인공지능 분야에 대한 급속한 투자 증가와 함께 대중의 관심까지 끌어냄으로써 AI 붐의 시작을 이끈 것으로 평가받습니다. 마이크로소프트, 구글,

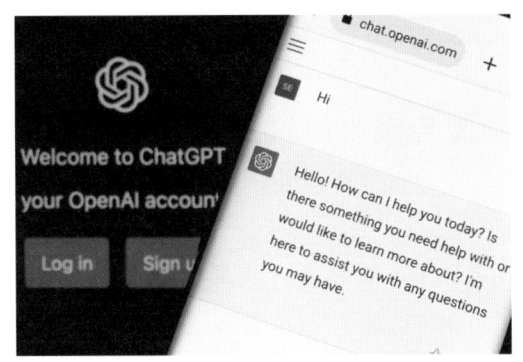

대형 언어 모델을 기반으로 사용자와 자유자재로 대화를 나눌 수 있는 챗GPT

메타 같은 빅테크 기업들은 너나 할 것 없이 인공지능에 대한 연구개발과 투자에 집중하게 되지요.

챗GPT가 인기를 끌게 된 데에는 다재다능함이 컸습니다. 이 챗봇은 사람과의 일상적인 대화는 물론, 코딩, 작사, 작곡, 동화, 에세이를 금방 작성합니다. 또한 시험 문제에 답변도 할 수 있고 반대로 시험 문제를 만들어 내기도 합니다. 그리고 비즈니스 아이디어를 생성하거나 텍스트를 번역하거나 요약하는 전문적인 업무도 수행하지요. 법률, 의학 같은 전문 영역에서도 신뢰도 높은 답변을 제공하며, 일부 직군에서는 이미 챗GPT의 도움을 받는 사람이 늘고 있습니다.

반면, 챗GPT의 뛰어난 성능을 두려워하는 사람도 있습니다. 인공지능이 사람처럼 생각하게 된 것이 아니냐는 이야기가 나오기 시작했지요. 아직 챗GPT는 사람이 쓰는 언어를 흉내 낼 뿐, 자신이 무슨 말을 하는지, 무슨 의미를 전달하는지 알지 못합니다. 단순히 다음에 어떤 단어가 오면 좋을지 확률만 계산할 뿐이죠. 이러한 한계점으로 뒤에서 다뤄 볼 많은 문제점을 드러내기도 합니다. 일부 한계를 드러냈음에도 여전히 챗GPT가 보여줄 가능성은 무궁무진합니다. 그리고 훗날 인공지능 시대가 본격 개막한다면 역사는 이렇게 기록할 것입니다. 챗GPT에서부터 인공지능 시대가 시작되었다고 말이죠.

기계의 '이해 능력'에 대한 기준은 어떻게 정할까?
_중국어 방 논증

인공지능과 철학의 교차점에서 오랫동안 논의되어 온 주제 중 하나는 '중국어 방 논증'입니다. 이는 미국의 철학자 존 설John Searle(1932~)이 1980년대 튜링 테스트의 한계를 지적하기 위해 제시한 철학적 사고 실험입니다. 튜링 테스트는 인공지능이 인간과 얼마나 유사하게 상호작용할 수 있는지를 평가하는 실험인데요. 만약, 컴퓨터가 인간과 구별되지 않는 수준으로 대화를 나눌 수 있다면, 그 컴퓨터는 지능을 가진 것으로 간주하는 것이 튜링 테스트의 핵심입니다. 그런데 중국어 방 논증은 이를 반박하고자 하지요.

중국어 방 논증을 이해하기 위해 한 가지 상황을 가정해 보겠습니다. 중국어를 전혀 모르는 한 사람이 방에 갇혀 있습니다. 이 방에는 중국어로 된 질문이 적힌 종이가 들어오고, 방에 갇힌 사람은 방 안에 있는 중국어 매뉴얼을 참고해서 중국어로 된 답변을 작성해 밖으로 보냅니다. 외부에서 보면 그 사람이 중국어를 이해하고 대답하는 것처럼 보이지만, 실제로는 단순히 매뉴얼에 따른 규칙을 기계적으로 시행하는 것에 불과하지요.

존 설은 이를 통해 인공지능이 인간처럼 보이는 답변을 할 수 있을지라도, 그것이 실제로 '이해'하는 것은 아니라는 주장을 펼쳤습니다. 즉, 인공지능이 언어를 사용해 적절한 답변을 생성할 수 있지만, 그 답변이 의미하는 바를 진정으로 이해하는 것은 아니라는 것입니다.

吃饭了吗?　　　　　　嗯，吃过了。

중국어를 전혀 모르는 사람이 매뉴얼을 참고해 중국어로 답변을 내놓는다면, 이 사람이 중국어를 이해한다고 할 수 있을까?

중국어 방 논증은 많은 논란을 낳았습니다. 동조하는 학자도 많았으며, 반박하는 학자도 많았지요. 대표적 반박 중 하나는 '시스템 반론'입니다. 이에 따르면 방 안의 사람만으로는 방 전체의 이해 능력을 평가할 수 없다는 것인데요. 즉, 사람, 매뉴얼, 그리고 방 전체를 하나의 시스템으로 봐야 하며, 이 전체 시스템은 중국어를 이해한다고 볼 수 있다는 것입니다. 여기서 핵심은 '이해'라는 것이 시스템 전체의 기능이라는 점입니다.

존 설의 논증은 오늘날도 이어집니다. 챗GPT는 매우 정교하며 인간과 유사한 대화를 나눕니다. 혹자는 챗GPT가 튜링 테스트를 통과한 것이라고도 이야기하는데요. 그렇다면 챗GPT는 진정 '이해' 능력을 갖추고, 인간처럼 사고하는 것일까요? 중국어 방 논증에 따르자면, 챗GPT는 그저 방대한 데이터와 복잡한 알고리즘에 기반하는 것이지, 인간같이 사고하는 것은 아닙니다. 반면에 시스템 반론에 따르면, 챗GPT는 인간의 '이해'라는 기능을 시스템적으로 구현한다고 볼 수 있습니다.

여전히, '이해'와 '사고'라는 개념은 과학과 철학적 논의의 중심에 있습니다. 우리는 중국어 방 논증을 통해 인공지능의 한계를 탐구하고 이해의 본질에 대해 깊이 생각해 볼 수 있습니다. 앞으로 기술 발전이 이 문제에 대해 어떤 새로운 통찰을 제공할지 지켜보는 것도 흥미로울 것입니다.

3장

머신러닝

- ☑ 머신러닝 절차
- ☐ 지도학습
- ☐ 비지도학습
- ☐ 강화학습
- ☐ 의사결정나무
- ☐ 랜덤 포레스트
- ☐ 나이브 베이즈
- ☐ 서포트 벡터 머신
- ☐ 회귀 분석
- ☐ 클러스터링

머신러닝 절차

데이터만 있으면
컴퓨터가 스스로 학습을 한다고?

머신러닝은 말 그대로 기계가 학습을 직접 한다는 의미입니다. 앞에서도 살펴봤듯이 컴퓨터가 데이터를 학습해 모델을 만든 후 스스로 결정을 내리거나 예측하는 기술을 머신러닝이라 부릅니다. 주가를 예측하는 것도, 유튜브에서 영상을 추천해 주는 것도 머신러닝의 한 예입니다. 이처럼 머신러닝은 의료, 금융, 교육 등 다양한 분야에서 활용되며 우리 생활을 더 편리하게 만들어 줍니다.

머신러닝으로 프로젝트를 할 때 처음 하는 업무는 데이터 수집입니다. 데이터는 인터넷에서 수집할 수도 있고, 실험을 통해 직접 생성할 수도 있습니다. 예를 들어 얼굴 인식 기술을 개발하는 프로젝트를 한다면 가장 먼저 해야 할 일이 다양한 사람의 얼굴 사진을 수집하는 것이겠죠. 데이터의 양과 질은 머신러닝 모델의 성능에 많은 영향을 미치는 중요한 요소입니다.

이렇게 수집한 데이터를 사용해 머신러닝 모델을 학습시킵니다. 이때 먼저 결정해야 할 것은 학습 방식입니다. 우리도 공부할 때 선생님과 함께 공부할지, 혼자 공부할지 결정하는 것처럼 머신러닝 모델 역시 데이터를 학습하기 전 그 방식을 결정합니다. 학습 방식은 지도학습, 비지도학습, 강화학습 등으로 나뉩니다.

이렇게 학습 방식이 정해지면, 머신러닝 모델을 만드는 구체적인 수학적 절차가 필요합니다. 여러 학습 방식에 따라 다양한 머신러닝 알고리즘이 존재하며 각각의 문제에 가장 적합한 알고리즘을 선택해 사용합니다. 머신러닝 알고리즘에는 로지스

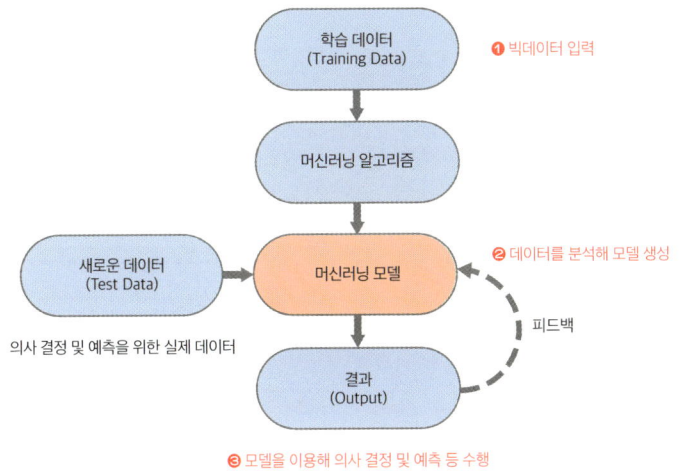

학습 데이터
(Training Data)

❶ 빅데이터 입력

머신러닝 알고리즘

새로운 데이터
(Test Data)

머신러닝 모델

❷ 데이터를 분석해 모델 생성

피드백

의사 결정 및 예측을 위한 실제 데이터

결과
(Output)

❸ 모델을 이용해 의사 결정 및 예측 등 수행

머신러닝의 학습 방식

틱 회귀, 의사결정나무, 클러스터링 기법 등이 있습니다.

머신러닝 알고리즘을 통해 학습을 진행한 모델은 평가를 받습니다. 모델이 얼마나 잘 작동하는지 검증하는 단계인데 이를 위해 실제 데이터를 테스트용으로 활용해 머신러닝 모델을 검증합니다. 여기서 학습 데이터와 테스트 데이터가 달라야 하는 것이 중요한 포인트입니다. 이미 학습한 데이터를 가지고 테스트하면 당연히 성능이 높게 나오겠죠? 그러면 테스트하는 의미가 없어집니다. 검증 단계에서 성능이 만족스럽지 않다면 데이터를 추가하거나 모델을 조정하는 등의 개선 작업을 수행합니다. 평가 과정을 무사히 통과한 모델만이 비로소 실제 상황에 적용되게 되죠.

이처럼 머신러닝은 데이터 수집부터 모델의 실제 적용까지 여러 단계를 거칩니다. 각 단계 모두 성능에 큰 영향을 미치기에 어느 하나 소홀히 다룰 수 없습니다. 이번 3장에서는 머신러닝 단계를 구성하는 내용들을 하나하나 살펴보도록 하겠습니다.

지도학습

문제와 정답을 모두 알려주는 학습 방식

우리는 공부할 때 문제지와 답지를 함께 보는 경우가 있습니다. 기계도 마찬가지입니다. 문제와 정답을 모두 알려 주고 학습하는 방식을 지도학습Supervised Learning이라고 부릅니다. 지도학습을 다른 말로 교사학습이라고도 하는데 교사가 옆에서 문제와 답을 알려준다는 의미에서 붙은 명칭입니다. 보통은 지도학습이라는 용어를 더 많이 사용합니다. 지도학습은 일반적으로 머신러닝이 가장 많이 활용하는 학습 방식입니다.

지도학습의 가장 큰 특징은 학습 과정에서 대량의 데이터를 투입할 때 정답도 함께 알려준다는 점입니다. 머신러닝에서는 데이터의 정답을 레이블label이라고 표현합니다. 옷의 정보를 나타내는 레이블이 옷마다 붙어 있듯이 지도학습에서 각각의 데이터는 정답을 의미하는 레이블을 가지고 있습니다.

예를 들어 동물을 '분류'하는 모델을 만들어 보겠습니다. 고양이 사진을 컴퓨터에 보여줄 때 '이것은 고양이다'라고 알려주는 방식이 바로 지도학습입니다. 지도학습을 활용하는 머신러닝 모델은 레이블과 함께 제공된 강아지와 고양이, 토끼 사진들을 가지고 스스로 각 동물의 특징을 학습합니다. 이렇게 훈련된 모델은 새로운 사진이 들어왔을 때 그것이 무슨 동물인지 스스로 판단합니다. 새로 들어온 사진 속 동물이 귀가 긴 것으로 판단이 되면 토끼라고 분류하는 식입니다.

지도학습을 가장 많이 활용하는 분야는 '분류classification'입니다. 앞서 살펴본 동

정답(레이블)을 가지고 있는 데이터를 학습하는 지도학습

물 사진을 분류하는 것처럼 이미지나 영상을 분류할 때 지도학습을 활용합니다. 또한 스팸을 필터링할 때 역시 지도학습을 활용합니다. 스팸 탐지 시스템은 수많은 스팸 데이터와 정상 데이터를 학습해서 새로 들어오는 이메일이 스팸인지 아닌지 분류하는 것이지요.

지도학습의 가장 큰 장점은 높은 정확도입니다. 이미 알려진 레이블을 통해 정확하게 학습할 수 있기 때문에, 다양한 분야에서 활용됩니다. 하지만 지도학습은 고품질의 레이블링 된 데이터를 많이 필요로 합니다. 대량의 데이터를 수집하는 것만으로도 쉽지 않은 일인데, 데이터 하나하나마다 정답인 레이블을 붙여주는 작업이 추가로 필요합니다. 이 과정에서 시간과 비용이 많이 들 수 있습니다.

더 큰 문제는 정답이 있는 데이터 자체를 수집하기 어렵다는 것입니다. 데이터의 프라이버시가 중요해지면서 음성인식이나 영상인식에 활용할 수 있는 정답이 있는 데이터를 구하는 것은 '하늘의 별 따기'가 되고 있습니다. 즉, 지도학습은 정답 데이터를 확보할 수 있다면 최적의 방법이지만, 데이터 확보 자체가 어렵다는 단점을 가지고 있습니다.

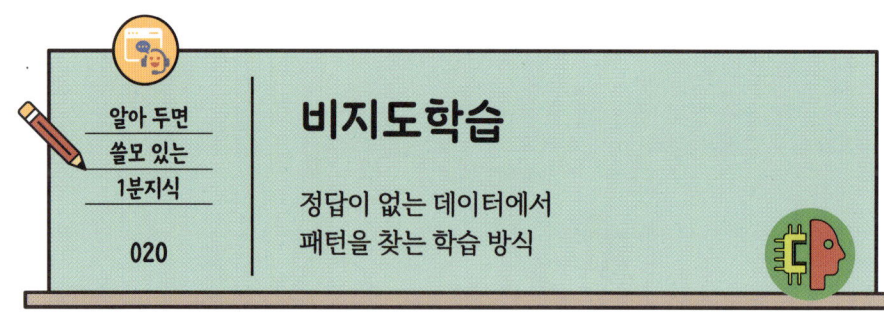

비지도학습

정답이 없는 데이터에서
패턴을 찾는 학습 방식

앞서 살펴본 지도학습은 정답이 있는 데이터, 레이블이 달린 데이터만 활용할 수 있다는 단점이 있었습니다. 지도학습이 다루지 못하는 레이블이 지정되지 않은 데이터를 학습하는 방식도 인공지능에서 널리 활용되고 있습니다. 바로 비지도학습Unsupervised Learning입니다.

비지도학습은 명확한 답이 없는 데이터에 숨겨진 패턴이나 구조를 찾아내는 방법입니다. 앞서 예로 든 동물 사진 데이터를 학습하는 경우를 살펴보겠습니다. 여러 사정으로 동물들 사진에 레이블을 붙이지 못했다면 우리는 비지도학습을 활용할 수 있습니다. 비지도학습은 대량의 동물 사진을 스스로 분석합니다. 그리고 속성들이 유사한 동물들을 동일한 그룹으로 군집화합니다. 강아지는 강아지끼리, 고양이는 고양이끼리 모으는 거죠. 이렇게 비슷한 속성을 가진 데이터를 하나의 군집으로 묶을 수는 있지만, 컴퓨터는 이 군집의 이름은 모릅니다. 수많은 강아지 사진을 하나의 그룹으로 묶었지만, 이 사진들이 강아지라는 것은 모르는 거죠.

비지도학습은 다양한 분야에서 활용됩니다. 수천 개의 뉴스 기사를 비슷한 주제의 기사들로 그룹화할 때 비지도학습을 사용합니다. 은행은 고객들의 거래 데이터를 분석해서 이상 거래가 있는지를 탐지하는데, 정상과 다른 특성을 지닌 이상을 가려내는 것이지요. 이 외에도 소매업체가 고객 구매 데이터를 분석해 비슷한 구매 패턴을 보이는 고객들을 그룹으로 나눈 후 타겟 마케팅 전략을 세울 수도 있습니다.

레이블이 지정되지 않은 데이터를 학습하는 비지도학습

이처럼 비지도학습은 레이블이 없는 데이터를 다룰 수 있다는 큰 장점을 가지고 있습니다. 대량의 레이블 작업이 필요 없기에 사전 데이터 정제 작업에 들어가는 비용과 시간을 절약할 수 있습니다. 또한 데이터의 숨겨진 특성을 발견할 수 있다는 장점도 있습니다.

하지만 비지도학습은 지도학습 대비 정확도가 떨어집니다. 당연히 정답이 없는 상태에서 스스로 규칙을 찾는 방식이기 때문에 오류가 많을 수밖에 없습니다. 또한 인간의 개입 없이 유의미한 결과를 도출하기 어려운 경우도 있습니다.

이처럼 여러 단점이 있음에도 비지도학습은 계속해서 주목받고 있습니다. 기술의 발전과 함께 더욱 정교한 알고리즘들이 개발되면서 비지도학습의 정확도가 높아지고 있거든요. 앞으로 비지도학습이 다양한 분야의 문제를 해결하는 것을 기대해 봐도 좋을 것 같습니다.

강화학습

시행착오를 반복하는 학습 방식

'당근과 채찍'이란 말을 들어 보셨을 겁니다. 말에게 상으로 먹이는 당근과 벌로 행해지는 채찍질을 비유하는 말로, 사람이나 동물을 훈련할 때 자주 사용하는 관용어입니다. 애완견 훈련할 때를 생각해 봅시다. 강아지가 명령을 잘 수행하면 간식을 주고, 명령을 어기면 훈육을 하죠. 동물을 학습시키는 경우처럼 인공지능도 학습할 때 당근과 채찍을 활용하는 경우가 있는데 이를 강화학습Reinforcement Learning이라고 합니다.

강화학습은 머신러닝의 학습 유형 중 하나로, 주어진 목표를 달성하기 위해 시행착오를 반복하는 방법입니다. 시행착오 과정에서 결과가 좋게 나타날 경우 보상을 주고, 결과가 나쁘게 나타날 경우 페널티를 줍니다. 강화학습에서 최종 목표는 받을 수 있는 보상을 최대화하는 것입니다.

예를 들어 보겠습니다. 강화학습이 주로 활용되는 분야 중 하나는 비디오 게임입니다. 게임 속 캐릭터는 주변 환경 및 캐릭터의 상태를 기반으로 다음 행동을 선택합니다. 앞으로 나아가기, 점프하기, 공격하기 등을 선택할 수 있지요. 행동의 결과로 캐릭터는 보상을 받습니다. 적을 처치하면 점수를 얻고, 반대로 잘못된 행동으로 캐릭터가 피해를 보면 페널티를 받지요. 이처럼 강화학습을 통해 캐릭터는 어떤 행동이 좋은 결과를 가져오는지 학습합니다. 이 과정에서 시행착오를 겪으며 점차 게임 내에서 최적의 전략을 개발해 나가죠. 함정이 나타나면 피하고, 자신보다 약한 적이

주어진 목표를 달성하기 위해 시행착오를 반복하는 강화학습

나타나면 싸움을 하는 식으로요.

강화학습은 다양한 분야에서 활용되는데요. 앞서 살펴본 것처럼 게임 분야에서 널리 활용되고 있습니다. 또 다른 예로 자율주행 자동차는 강화학습을 통해 주변 환경을 인식하고 최적의 경로를 선택해 운전하는 법을 학습합니다. 이 외에도 로봇이 복잡한 물리적 환경에서 독립적으로 작업을 수행하도록 훈련하는 데 강화학습이 사용되기도 하며, 금융 시장에서 투자 전략을 수립하는 데에도 활용됩니다.

우리에게 가장 익숙한 강화학습을 활용한 인공지능은 바로 '알파고'와 '챗GPT'입니다. 알파고는 바둑이라는 게임에서 최적의 전략을 수립하기 위해 강화학습을 활용했으며, 챗GPT는 가장 알맞은 대답을 하기 위해 사람의 피드백을 반영한 강화학습을 적용했습니다. 최근에는 강화학습을 통해 LLM의 추론 능력을 대폭 향상시키려는 시도가 활발히 진행되고 있으며, 복잡한 수학 문제나 코딩 과제에서 기존 모델의 한계를 극복하고 있습니다. 이처럼 강화학습은 최적의 결정을 내리는 인공지능을 만들기 위해 널리 활용되고 있습니다.

의사결정나무

나무의 구조와 닮은 머신러닝 알고리즘

머신러닝은 다양한 문제를 푸는 데 사용됩니다. 그중에서도 지도학습을 다룰 때 언급된 '분류' 문제를 푸는 데 머신러닝이 활용되는데요. 분류란 말 그대로 데이터를 여러 개의 클래스 중 하나로 분류하는 작업입니다. 미리 학습한 스팸 메일의 패턴을 기반으로 스팸 메일을 걸러주는 것이 대표적인 분류의 예지요.

분류 문제를 풀기 위해 많은 알고리즘이 제안되었습니다. 그중 대표적인 것이 '의사결정나무Decision Tree'입니다. 이름에서 알 수 있듯이 마치 나무가 가지를 치듯이 문제를 해결해 나가는 방식인데요. 의사결정나무는 뿌리인 '루트 노드root node'에서 시작해 잎인 '리프 노드leaf node'에서 끝나는 구조로 되어 있습니다. 분기점에 해당하는 노드에서는 하나의 질문이 존재하고, 이에 대한 답변이 '예' 또는 '아니오'인 경우 각각 다른 방향의 가지로 나뉩니다.

나무에서 뿌리가 가장 근본이듯이, 의사결정나무 역시 '루트 노드'에서 모든 것이 시작됩니다. 첫 시작이니만큼 데이터 전체를 대표하는 질문을 여기서 하는 것이 좋습니다. 그림의 예시처럼 축구를 할지 결정할 때, 루트 노드에서 날씨를 먼저 물으면 선택이 쉬워지겠죠? 날씨가 흐림이면 축구를 하는 데 문제가 없을 것이고, 날씨가 맑음이면 다시 습도가 너무 높은지를 하위 노드에서 확인할 수 있습니다. 비가 온다면 이어서 바람의 강도를 물어볼 수 있겠죠. 이처럼 축구 시합 성사에 가장 중요한 영향을 미치는 질문을 계속하면서 나무는 풍성한 가지를 가지게 됩니다. 최종적으로 더

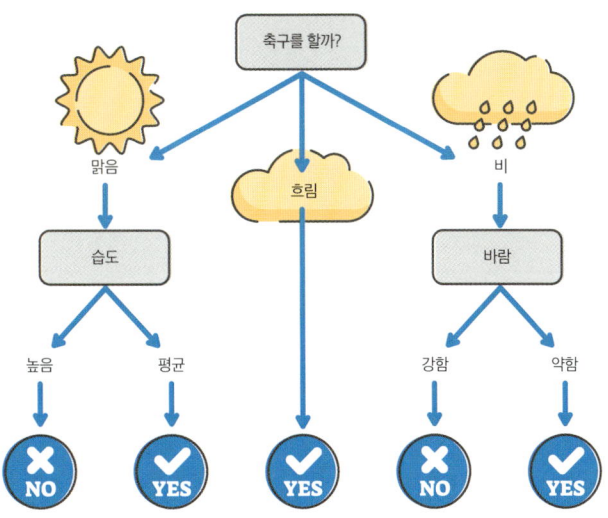

분류 문제를 풀기 위한 알고리즘 의사결정나무

이상 분기할 수 없거나 분기할 필요가 없는 경우, 마지막 노드를 리프 노드로 설정하고 분류를 마무리하게 됩니다.

의사결정나무의 가장 큰 장점은 직관적이라는 것입니다. 그림에서도 알 수 있듯이 의사결정 과정을 그림 하나로 쉽게 이해할 수 있습니다. 직관적이지 않은 딥러닝 알고리즘들과 가장 대비되는 장점이죠. 또한 의사결정나무는 구현이 비교적 간단한 편입니다. 따라서, 복잡하지 않은 문제를 풀 때 사랑받는 알고리즘이죠.

물론 단점도 존재합니다. 데이터가 복잡하면 복잡할수록 나무도 복잡하게 만들어져서 성능이 떨어진다는 점인데요. 나무의 가지가 너무 많이 생겨 발생하는 문제인 만큼 불필요한 가지를 제거하면서 성능 향상을 꾀하기도 합니다. 머신러닝에서는 이러한 작업을 '가지치기pruning'라고 부릅니다. 용어만 보면 실제 나무를 키우는 것 같지 않나요?

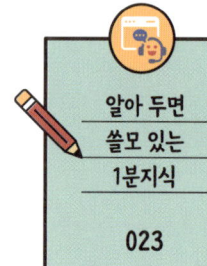

랜덤 포레스트

단일 모델의 낮은 정확도를
높이기 위한 알고리즘

나무가 모이면 숲이 되죠? 머신러닝 분야에서도 의사결정나무가 모이면 숲이 됩니다. 이것을 랜덤 포레스트Random Forest라고 부릅니다. 그렇다면 나무들을 모아 숲을 만든 이유는 무엇일까요?

의사결정나무는 로직이 간단해 많이 활용되지만, 정확도가 떨어진다는 단점이 있습니다. 그래서 이를 보완하기 위해 여러 개의 의사결정나무를 조합해 랜덤 포레스트라는 기법을 만들었습니다. 이름에서 알 수 있듯이 마치 숲처럼 많은 나무들이 모여 있는 것을 상상할 수 있습니다.

랜덤 포레스트는 여러 개의 의사결정나무로 구성된 앙상블ensemble 방법 중 하나입니다. 앙상블 학습이란 여러 모델의 예측 결과를 결합해 하나의 예측 결과를 만드는 것을 말하는데요. 일반적으로 하나의 모델보다 여러 개의 모델에서 나온 결과를 조합하는 앙상블의 성능이 뛰어난 것으로 알려져 있습니다. 랜덤 포레스트에서는 각각의 의사결정나무가 서로 다른 데이터로 학습하며, 이를 통해 각각의 학습 결과를 반영한 수많은 나무가 만들어집니다. 이후 테스트를 위한 데이터는 모든 나무에 동시에 입력되어 각각의 결과물을 얻게 됩니다. 이 결과를 모아서 더 정확하고 안정적인 결론을 도출하게 되지요.

예를 들어 보겠습니다. 만약 우리가 야생동물 보호구역을 관리하고 있다면, 여러 동물의 건강 상태를 예측해야겠지요? 이때 단일 의사결정나무를 사용하면, 어떤 동

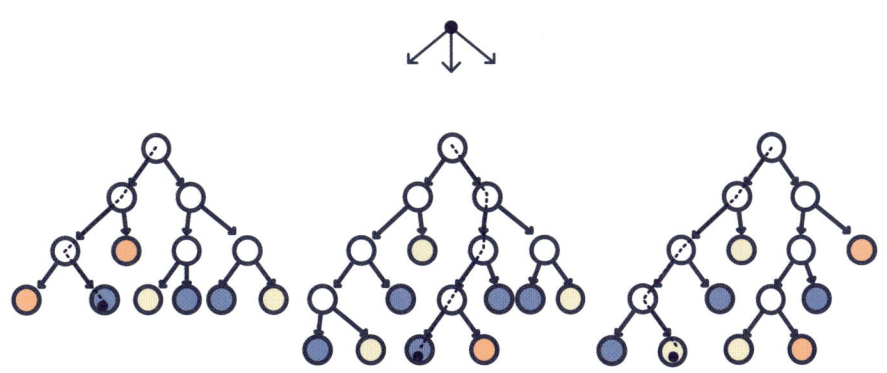

여러 개의 의사결정나무를 조합해 더 강력하고 안정적인 모델을 만드는 랜덤 포레스트

물의 이상 징후는 놓칠 수 있습니다. 하지만 랜덤 포레스트를 사용하면, 다양한 데이터를 가지고 여러 나무가 독립적인 판단을 내리고, 이 결과를 조합할 수 있기에 더 정확하고 신뢰할 수 있는 진단을 내릴 수 있습니다.

이처럼 랜덤 포레스트는 의사결정나무를 여러 개 조합해 더 강력하고 안정적인 모델을 만듭니다. 물론 단일 의사결정나무를 활용할 때보다는 메모리 사용량이 많다는 단점이 있지만, 다른 머신러닝이나 딥러닝 알고리즘 대비 계산 효율이 높다는 장점도 가지고 있습니다. 따라서 그리 복잡하지 않은 문제를 풀 때 먼저 찾는 알고리즘 중 하나가 바로 랜덤 포레스트입니다.

나이브 베이즈

확률에 기반한 분류 알고리즘

평소 많이 받는 질문 중 하나가 '인공지능을 전공하려면 수학도 잘해야 하나요?'입니다. 답은 '그렇다'입니다. 기본적으로 컴퓨터를 활용하는 분야이니 코딩을 잘하는 것은 필수인데, 이에 못지않게 중요한 게 확률과 같은 수학적 지식입니다. 확률의 개념은 인공지능 알고리즘을 구현하는 데 직접적으로 활용됩니다. 특히 여기서 살펴볼 나이브 베이즈Naïve Bayes 알고리즘은 통계학의 기본 원리를 기반으로 하는 간단하면서 효과적인 머신러닝 분류 기법입니다.

나이브 베이즈 알고리즘은 데이터들의 속성이 서로 독립적이라고 가정하며, 이 가정을 바탕으로 주어진 데이터가 어떤 카테고리에 속할 확률을 계산합니다. 여기서 독립적이라는 개념은 한 사건의 발생이 다른 사건의 발생에 영향을 주지 않고 독립적이라는 의미입니다. 나이브 베이즈의 '나이브'가 의미하는 것이 바로 이 독립적이라는 가정입니다.

그러면 '베이즈'가 의미하는 것은 무엇일까요? 베이즈를 알기 위해서는 먼저 조건부 확률의 개념을 살펴볼 필요가 있습니다. 조건부 확률이란, 어떤 사건 A가 일어난 상황에서 다른 사건 B가 일어날 확률을 말합니다. '비가 오는 날에 교통사고가 날 확률'과 같이 특정 조건하에서의 사건 발생 확률이 바로 조건부 확률입니다. 나이브 베이즈에서 활용되는 베이즈 정리는 이러한 조건부 확률을 활용해 관측된 데이터가 특정 범주에 속할 확률을 알려줍니다. 옆에 제시한 그림을 예로 들면, 나이브 베이즈

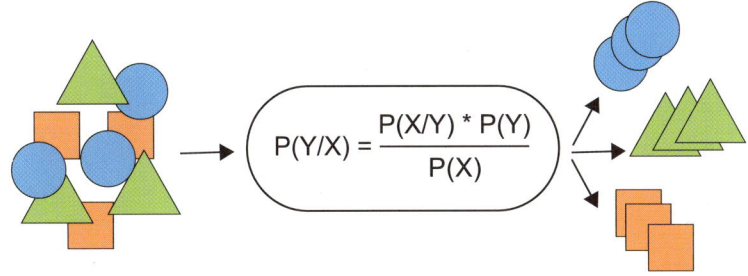

확률 이론을 기반으로 하는 분류 알고리즘 나이브 베이즈

알고리즘을 통해 분류하고자 하는 도형이 원일 확률, 삼각형일 확률, 사각형일 확률이 도출됩니다. 만약, 원일 확률이 70퍼센트로 가장 높게 나왔다면, 이 도형은 원으로 분류됩니다.

수학적으로 더 설명하자면 그림 속의 공식을 활용한다고 이야기할 수 있는데요. 수학 공식만 보면 머리 아플 수 있으니 쉽게 다른 예를 들어보겠습니다. 이메일이 스팸인지 아닌지를 분류한다고 가정해 봅시다. 만약 '투자'라는 단어가 이메일에 포함되어 있다면, 이 이메일이 스팸일 가능성은 더 높아집니다. 나이브 베이즈 알고리즘은 '투자'라는 단어가 포함된 이메일이 스팸일 확률을 계산해 그 확률이 일정 기준치 이상이면 스팸으로 분류합니다.

나이브 베이즈 알고리즘은 간단한 확률 이론을 기반으로 하기에 구현이 간단하고, 빠르게 동작하며, 이해하기 쉽습니다. 그래서 앞서 살펴본 스팸 메일 필터링 외에 감정 분석, 질병 진단 등 다양한 분야에서도 널리 활용됩니다. 하지만 속성들이 독립적이라는 가정이 항상 유효하지 않아 때로는 정확도가 떨어지기도 합니다.

서포트 벡터 머신

데이터를 분류하는 경계선을
찾아주는 알고리즘

서포트 벡터 머신Support Vector Machine, SVM은 컴퓨터가 물건을 구분하는 것, 즉 '분류'
하는 방법 중 하나입니다. 지금까지 다양한 '분류' 방법을 알아보았는데요. SVM은
그중에서도 물건을 구분할 때 가장 적합한 '경계선'을 찾아내는 데 탁월합니다. 사과
와 바나나를 구분하는 문제를 푼다고 가정해 보겠습니다. SVM에서는 사과와 바나
나의 특성을 학습합니다. 이후 두 개의 과일 그룹을 가장 잘 구분할 수 있는 경계선
을 찾아내는 겁니다.

조금만 더 구체적으로 들어가 보겠습니다. SVM에서는 '마진'이라는 개념과 '서포
트 벡터'라는 개념을 활용합니다. 마진은 사과와 바나나를 구분하는 경계선과 가장
가까운 사과와 바나나 사이의 공간을 의미합니다. 그리고 서포트 벡터는 이 마진을
결정하는 데 중요한 역할을 하는데요. 서포트 벡터는 경계선과 가장 가까운 곳에 위
치한 사과나 바나나 같은 데이터 포인트를 말합니다. 이 데이터 포인트들과 경계선
사이의 거리가 바로 마진의 너비가 되는 것이죠. SVM은 이 마진을 최대한 크게 만드
는 경계선을 찾고자 합니다. 그 이유는 무엇일까요?

두 개의 친구 그룹 사이에 다툼이 일어났다고 해보겠습니다. 두 그룹의 싸움을
말리기 위해 이들을 멀리 떼어놓고 경계선을 그어봅시다. 두 그룹과 경계선 사이의
공간이 넓으면 넓을수록 다시 다툼이 벌어질 확률이 낮아지겠죠?

이처럼 마진이 넓을수록 컴퓨터는 서로 다른 그룹을 더 잘 구분했다고 볼 수 있습

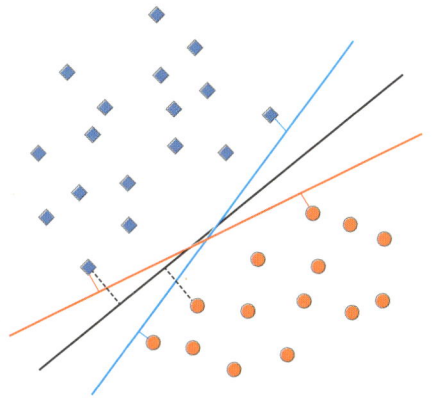

파란색과 빨간색으로 나뉜 두 그룹을 가장 잘 구분할 수 있는 경계선을 찾는 방법

니다. 그림에서 두 개의 그룹을 가장 잘 분류하는 선은 무엇일까요? 하늘색 선은 하늘색 그룹의 서포트 벡터와 너무 가까워서 마진이 작게 나옵니다. 빨간색 선은 반대로 빨간색 그룹과 너무 가깝죠. 검은색 선은 두 그룹의 서포트 벡터들과의 거리, 마진(검은색 점선)이 극대화되어 있기 때문에 두 그룹을 잘 구분하는 경계선이라 볼 수 있습니다.

SVM은 다양한 분류 분야에서 활용되고 있으며, 사용 방법이 비교적 쉽다는 장점이 있습니다. 또한 다른 머신러닝 기법들보다 대체로 성능도 뛰어난 편입니다. 하지만 SVM 모델을 만드는 데 시간이 오래 걸린다는 단점이 있습니다. 그래서 SVM은 컴퓨팅 환경이 잘 갖춰져 있거나, 학습하는 데 필요한 시간에 여유가 있을 때 주로 사용한답니다.

회귀 분석

미래를 예측하는 머신러닝 알고리즘

앞서 살펴본 여러 머신러닝 알고리즘은 '지도학습'을 기반으로 '분류' 문제를 푸는 데 특화되어 있습니다. 하지만 세상에 분류 문제만 존재하는 것은 아니지요. 우리가 데이터 분석을 통해 알고 싶은 것 중에는 앞으로 어떤 일이 일어날지를 전망하는 것도 있는데요. 이처럼 미래를 예측하기 위해 활용하는 것이 바로 회귀 분석Regression Analysis입니다.

회귀 분석은 데이터를 분석해 하나의 변수가 다른 변수에 어떤 영향을 미치는지 예측하는 통계 기법의 하나입니다. 예를 들어 운동 시간이 건강 상태에 미치는 영향을 분석하거나, 광고 비용이 판매량 증가에 얼마나 기여하는지를 알아보는 데 회귀 분석을 사용하죠. 이런 분석을 통해 우리는 미래의 특정 사건이 어떻게 발생할지 예측할 수 있습니다.

회귀 분석에는 여러 종류가 있습니다. 먼저 가장 기본이 되는 형태인 선형 회귀linear regression가 있습니다. 이 방법은 두 변수 간의 직선적인 관계를 모델링합니다. 학생의 공부 시간을 기반으로 시험 성적을 예측하는 것이 선형 회귀의 대표적인 예입니다.

좀더 복합적으로 분석하는 방법으로는 다중 회귀multiple regression가 있습니다. 이 방법은 두 개 이상의 변수를 사용해 하나의 결과를 예측하는데요. 시험 성적을 예측할 때 공부 시간뿐만 아니라 수면 시간, 과거 성적 등을 복합적으로 분석하면 더 정

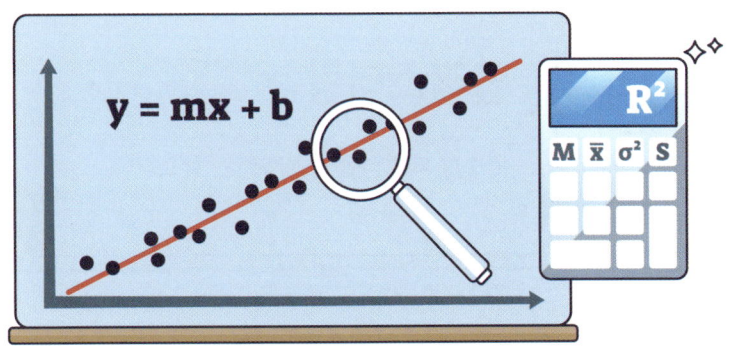

데이터를 분석해 미래를 예측하는 회귀 분석

확한 결과를 예측할 수 있겠지요?

회귀 분석은 일상생활에서도 많이 사용됩니다. 부동산 시장에서는 위치, 연식, 교통 등 여러 요소를 고려해 집값을 예측합니다. 기상학에서는 과거의 기온 데이터와 계절 변화를 분석해 미래의 기온을 예측하지요. 이렇게 미래를 예측하는 회귀 분석은 새로운 전략을 수립하는 데에도 활용할 수 있습니다. 기업이 광고 효과, 제품 판매량 등을 회귀 분석으로 예측한다면 마케팅 전략을 개선할 수 있습니다. 경제학자 역시 경제 성장률, 실업률 등을 예측해서 경제 정책을 수립합니다.

이처럼 회귀 분석을 이용하면 복잡한 세상을 좀더 쉽게 이해하고, 미래를 예측함으로써 더 효과적인 결정을 내릴 수 있습니다.

클러스터링

비슷한 데이터를 군집화하는 알고리즘

지금까지 '지도학습'을 기반으로 하는 머신러닝 알고리즘을 살펴보았으니, 이제 '비지도학습'을 기반으로 하는 알고리즘을 살펴볼 차례입니다. 그 대표주자는 바로 클러스터링Clustering입니다.

클러스터링은 비슷한 특성을 지닌 데이터를 같은 그룹으로 묶는 군집화 알고리즘입니다. 이 방법을 통해 대량의 데이터 속에서 숨겨진 패턴을 발견하고, 복잡한 데이터 세트를 몇 개의 그룹으로 나누어 분석하지요. 앞서 비지도학습의 예로 다양한 종의 동물을 비슷한 그룹으로 묶는 것을 살펴봤는데요. 이처럼 클러스터링은 사전에 데이터의 레이블을 몰라도 데이터의 속성을 분석해서 유사한 데이터들끼리 하나의 그룹으로 모을 수 있습니다.

클러스터링을 하기 위해서는 데이터 간의 거리를 측정해야 하는데, 이 거리는 어떻게 측정할까요? 먼저 각각의 데이터를 하나의 포인트로 만들어 좌표평면에 위치시킵니다. 우리가 수학 시간에 x축과 y축으로 이루어진 좌표평면에 데이터를 찍는 것처럼 말이지요. 이렇게 데이터 포인트들이 좌표평면에 위치하면 수학적 공식을 활용해 좀더 깊게 들어가서는 유클리드 거리(두 점 사이의 직선거리)를 기반으로 두 데이터 간의 거리를 측정하게 됩니다. 거리만 측정된다면 거리가 가까운 데이터는 같은 클러스터로, 거리가 먼 데이터는 다른 클러스터로 분류할 수 있겠죠?

클러스터링은 우리 생활 곳곳에서 널리 활용되고 있습니다. 가장 대표적인 예가

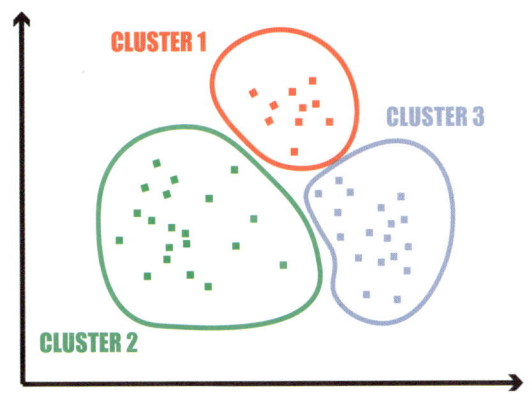

비슷한 특성을 지닌 데이터를 같은 그룹으로 묶는 군집화 알고리즘 클러스터링

소비자를 분석하는 경우입니다. 소매업체는 클러스터링을 기반으로 고객을 여러 그룹으로 나누고, 각 그룹의 구매 패턴에 맞는 마케팅 전략을 개발합니다. 10대 청소년과 20대 대학생이 고객이라면, 두 고객의 그룹을 나눈 다음에 각기 다른 전략을 수립하게 됩니다.

또한, 소셜 미디어 플랫폼에서도 클러스터링은 적극적으로 활용됩니다. 페이스북, 인스타그램, 유튜브를 이용할 때 나에게 딱 맞는 광고가 추천된다는 생각을 해본 적이 있나요? 마치 누가 내 머릿속을 들여다보기라도 하는 것처럼 말이지요. 이들 회사는 사용자의 활동 데이터를 기반으로 사용자를 클러스터링해서 어떤 주제에 관심이 많은지 파악합니다. 이를 통해 관심사에 맞는 광고나 콘텐츠를 추천하는 거죠.

이처럼 클러스터링은 사전에 데이터에 대한 정보가 많이 없더라도, 각종 데이터에 숨겨진 패턴과 구조를 발견해 효과적인 결정을 내릴 수 있게 도와주는 강력한 도구입니다. 데이터의 유사성을 기반으로 정보를 정리하고 싶다면 클러스터링을 적극 활용해야 합니다.

인공지능의 성능을 좌우하는 가장 중요한 요소는?
_데이터의 중요성

머신러닝과 딥러닝 알고리즘이 발전하면서 인공지능의 성능이 나날이 좋아지고 있습니다. 그런데 알고리즘 못지않게, 아니 알고리즘보다 더 인공지능의 성능을 좌우하는 것은 바로 양질의 데이터입니다. 아무리 뛰어난 알고리즘이라도 데이터가 좋지 않으면 인공지능은 원하는 성능을 낼 수 없습니다. 마치 훌륭한 요리사가 있어도 신선하지 않은 재료로는 맛있는 음식을 만들 수 없는 것과 같지요.

인공지능을 비롯한 컴퓨터 업계에서 자주 언급되는 격언 중 하나가 "쓰레기가 들어오면, 쓰레기가 나온다Garbage In, Garbage Out"입니다. 이는 입력 데이터의 품질이 떨어지면 출력 결과 역시 쓸모없게 된다는 뜻입니다. 예를 들어 날씨를 예측하는 인공지능 모델을 만든다고 가정해 봅시다. 가장 성능이 뛰어나다고 하는 딥러닝 알고리즘을 준비하고 딥러닝을 구동할 수 있는 고가의 서버를 구비했어도 입력 데이터가 잘못된 온도, 습도, 풍속 등의 정보를 포함하고 있다면, 예측 결과는 부정확할 수밖에 없습니다.

그렇다면 좋은 데이터란 무엇일까요? 몇 가지 중요한 특징을 살펴봅시다. 먼저 데이터가 실제 상황을 정확히 반영해야 합니다. 또한 데이터가 일관되게 수집, 기록되어야 하지요. 그리고 필요한 모든 측면을 포괄해야 합니다. 날씨를 예측하는 인공지능을 만들 때 비가 오는 날의 정보만 입력한다면 이는 좋은 데이터라고 할 수 없습니다. 또한 좋은 데이터는 최신 정보를 포함해야 합니다. 몇 년 전 날씨 데이터로 예측 알고리

양질의 데이터를 입력할수록 인공지능의 성능도 향상됩니다.

즘을 만들어봐야 소용없다는 말이지요.

그러나 좋은 데이터를 구하는 것은 결코 쉽지 않습니다. 우선, 데이터의 품질 관리가 어렵습니다. 데이터는 다양한 출처에서 수집되므로 그 품질이 일관되지 않을 수 있습니다. 데이터가 불완전하거나 오류가 포함되어 있는 경우도 많아 데이터를 정제하는 데 많은 시간과 노력이 요구됩니다. 이에 더해 프라이버시와 윤리적 문제도 중요합니다. 데이터 수집 과정에서 개인의 프라이버시를 보호하는 것은 매우 중요합니다. 민감한 개인 정보라면 수집할 때 법적 문제를 고려해야 합니다. 이 같은 이유들로 필요한 데이터를 충분히 수집하기 어려울 수 있습니다.

어떤 전문가들은 인공지능의 성능을 좌우하는 가장 큰 요소로 데이터를 꼽습니다. 아무리 훌륭한 알고리즘이라도, 데이터가 좋지 않으면 원하는 결과를 얻을 수 없습니다. 빅테크 기업들이 때로는 법과 윤리를 어기면서까지 데이터를 수집하는 것도 바로 이런 이유 때문입니다. 결코 옳다고 할 수는 없지만 인공지능의 성능을 높이기 위해 전력을 다하는 것이지요.

인공지능도 실수를 할까?
_과적합

한 학생이 시험 준비를 할 때 특정 단원만 반복해서 공부했습니다. 그 학생은 공부한 단원의 문제가 나오면 잘 풀겠지만, 새로운 유형의 문제가 나오면 당황할 수밖에 없습니다. 인공지능 역시 마찬가지입니다. 학습을 잘못하면 성능이 저하되지요.

이처럼 인공지능이 학습 과정에서 자주 겪는 문제가 바로 '과적합overfitting'입니다. 과적합은 인공지능 모델이 학습 데이터에 '너무 잘' 맞아떨어지는 경우를 말하는데요. 쉽게 말해 인공지능이 학습 데이터를 너무 잘 외워버려서 새로운 데이터를 만났을 때 제대로 작동하지 못하는 상황이 벌어지는 것입니다. 옆에 제시한 그림처럼 두 클래스를 구분하는 선을 그을 때 학습 데이터에 너무 몰입하면 너무나도 자세한 경계가 그어집니다. 이렇게 만들어진 모델은 학습한 데이터는 완벽하게 구분하지만, 새로운 데이터는 제대로 구분하지 못하는 문제가 발생합니다.

한 회사가 얼굴 인식 시스템을 개발했다고 가정해 봅시다. 이 회사는 학습 데이터로 직원들의 얼굴 사진을 사용해 모델을 학습시켰고, 직원들의 얼굴을 아주 정확하게 인식하도록 훈련했지요. 그러자 이 모델은 이미 학습한 직원들의 사진은 기가 막히게 잘 구분했지만, 새로운 사람의 얼굴을 인식할 때는 자주 실수를 했습니다. 학습 데이터가 직원들의 얼굴에만 너무 집중해 버린 나머지 과적합이 발생했기 때문입

니다. 이처럼 과적합이 발
생한 시스템은 실제 환경
에서 신뢰할 수 없는 결과
를 내게 됩니다.

그럼 과적합을 해결
하기 위한 방법에는 무엇
이 있을까요? 우선, 다양
한 데이터를 수집해 인공
지능 모델이 특정 데이터
에 편중되지 않도록 조정
해야 합니다. 또한 모델이
너무 복잡해지지 않도록

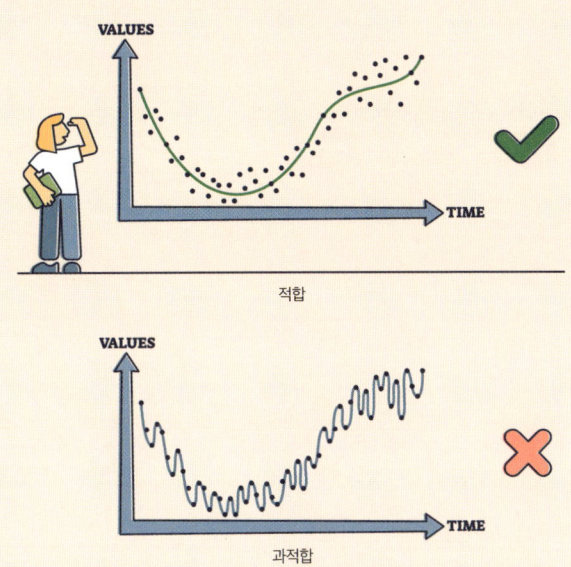

과적합이 발생한 시스템은 실제 환경에서 신뢰할 수 없는 결과를 냅니다.

만드는 것도 중요하지요. 훈련 데이터를 잘 구분하기 위해 집중한 나머지 모델이 복
잡해질 수 있기 때문입니다. 또한 검증 과정에서 다양한 테스트 데이터를 사용하는
것도 중요합니다.

인공지능이 학습 과정에서 저지른 실수로 발생하는 과적합을 통해 우리의 공부
과정을 되돌아볼 필요도 있습니다. 과적합된 모델은 특정 데이터만 잘 맞춥니다. 이
는 마치 학생이 특정 문제 유형만 반복해서 공부하는 것과 같지요. 하지만 시험에서
는 다양한 문제가 나오기에 성적이 떨어지기 쉽습니다. 또한 과적합된 모델은 데이
터를 기계적으로 암기하지만, 그 의미를 이해하지 못합니다. 학생들 역시 단순 암기
대신 개념을 이해하는 것이 중요하겠지요? 이처럼 인공지능도, 사람도 올바른 학습
방식을 활용해야 좋은 성적을 거둘 수 있습니다.

4장

딥러닝

- ☑ 퍼셉트론
- ☐ 심층 신경망
- ☐ 역전파
- ☐ CNN
- ☐ RNN
- ☐ 오토인코더
- ☐ GAN
- ☐ 워드 임베딩
- ☐ 트랜스포머

  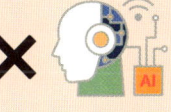

퍼셉트론

컴퓨터에도 신호를 주고받는
뉴런이 있다고?

오늘날 인공지능 기술 중 가장 널리 사용되는 것은 단연코 딥러닝입니다. 책의 앞부분에서 딥러닝의 개념에 대해 알아봤는데요. 여기에서는 딥러닝을 구성하는 요소들을 좀 더 자세히 살펴보고자 합니다.

인간이 기계에 지능을 구현하려고 할 때 생각한 방식 중 하나는 우리의 사고 과정을 기계에 이식하는 것이었습니다. 그래서 주목한 것이 바로 '뉴런neuron'입니다. 뉴런은 인간의 신경계를 구성하는 기본적인 세포로, 대략 1,000억 개가 서로 복잡하게 연결되어 전기적, 화학적 방식으로 신호를 전달합니다. 인접한 뉴런끼리는 시냅스라는 구조를 통해 신호를 주고받으면서 다양한 정보를 받아들이고 저장하지요.

뉴런을 기반으로 하는 인간의 신경망을 인공으로 만들 때 등장한 것이 바로 '퍼셉트론perceptron'입니다. 앞서 우리는 프랭크 로젠블랫에 대해 알아보며 퍼셉트론의 등장 배경을 이야기한 바 있는데요. 퍼셉트론은 뉴런의 기능을 수학적으로 구현했다고 보면 됩니다. 다수의 입력 신호를 받아 하나의 출력을 내보내는 구조이지요. 각 입력은 가중치를 갖고, 이들의 총합이 특정 값을 넘으면 출력되는 방식입니다.

뉴런과 퍼셉트론의 가장 큰 차이점은 뉴런은 생체 신호를 처리하는 반면, 퍼셉트론은 디지털 신호를 처리한다는 점입니다. 또한 뉴런은 생물학적이고 화학적인 반응을 통해 신호를 전달하지만, 퍼셉트론은 입력과 가중치 계산을 통해 수학적으로 신호를 처리합니다.

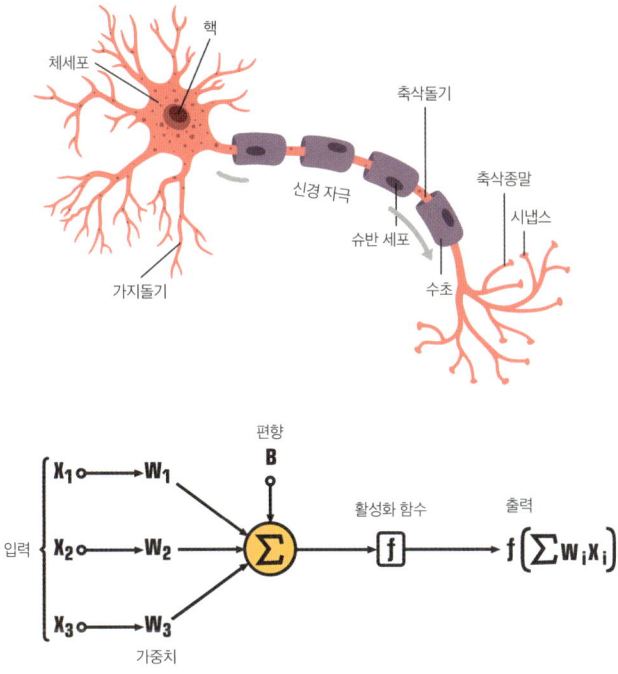

인간 뉴런(위)과 인공지능의 뉴런(아래)의 구조

　퍼셉트론은 딥러닝의 기초를 이루는 중요 모델입니다. 뇌의 기능을 흉내 내서 간단한 문제들을 풀 수 있었죠. 하지만 퍼셉트론 자체로는 해결하지 못하는 문제가 존재한다는 구조적 한계가 있어 독립적으로 활용되기에는 무리가 있었습니다. 그래서 퍼셉트론이 공개되고도 한동안 빛을 보지 못했죠. 하지만 퍼셉트론을 기반으로 만들어진 더 복잡하고 다층적인 신경망 모델이 개발됨에 따라 현재 사용되고 있습니다. 오늘날 인공지능의 초석을 쌓은 것은 바로 퍼셉트론이라고 할 수 있습니다.

심층 신경망

딥러닝 시대를 열 수 있게 된 계기는?

심층 신경망Deep Neural Network, DNN은 인간의 뇌를 모델로 개발된 딥러닝 알고리즘으로, 특히 퍼셉트론의 한계를 극복하기 위해 등장했습니다. 퍼셉트론은 단순한 형태의 인공 신경망으로, 간단한 논리 연산은 수행할 수 있지만, 배타적 논리합(XOR) 문제 같은 비선형 문제는 해결할 수 없습니다.

이와 같은 문제를 해결하기 위해 여러 계층의 인공 신경 세포, 즉 여러 층으로 되어 있고 층마다 여러 노드가 포함된 신경망을 이용합니다. 각 노드는 수학적 계산을 통해 데이터를 처리하며 서로 연결되어 정보를 전달하죠. 앞서 살펴본 제프리 힌턴 등의 학자들이 제안한 심층 신경망은 이러한 노드와 계층을 활용해서 기존 퍼셉트론이 해결하지 못한 문제를 해결합니다.

심층 신경망은 입력층input layer, 은닉층hidden layer, 출력층output layer으로 구성되어 있습니다. 입력층은 시스템에 들어오는 모든 정보를 받아 다음 계층으로 전달합니다. 은닉층은 입력 계층에서 받은 데이터를 분석하는데요. 각 은닉층은 입력 데이터의 특징을 추출해서 다음 계층에 전달합니다. 예를 들어 동물의 이미지를 분류할 때 은닉층은 눈, 귀, 다리 등 다양한 특징을 분석합니다. 심층 신경망에서는 성능 향상을 위해 은닉층을 여러 층으로 구성합니다. 마지막으로 출력층은 최종 결과를 출력합니다.

심층 신경망과 기존 머신러닝의 가장 큰 차이점은 데이터의 특징 추출이 자동화

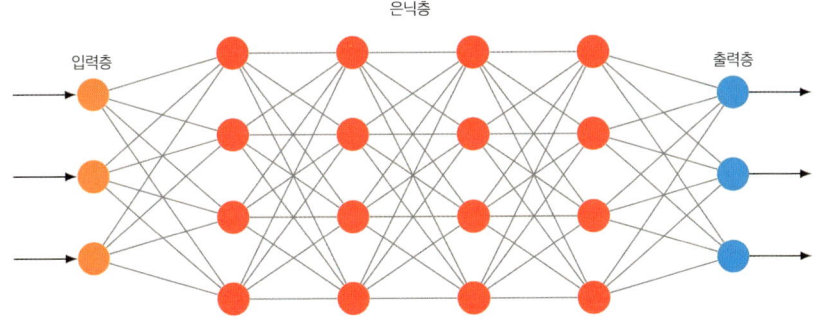

심층 신경망은 데이터의 특징을 자동 추출합니다.

되어 있다는 점입니다. 기존의 머신러닝은 전문가가 직접 특징을 추출했습니다. 동물 이미지 분류 작업을 예로 들면, 머신러닝에서는 전문가가 동물의 크기, 색상, 눈, 귀, 코의 모양 등 분석할 특징을 직접 선정해야 했습니다. 하지만 심층 신경망은 이러한 과정을 자동으로 수행합니다. 데이터만 심층 신경망에 투입하면 신경망 내부에서 자동으로 특징을 추출하는데, 이 작업이 은닉층에서 집행됩니다.

또 하나의 장점은 복잡한 데이터를 잘 다룬다는 점입니다. 여러 계층을 활용하기 때문에 복잡한 패턴을 학습하고 이해할 수 있습니다. 또한 정답이 없는 데이터, 레이블이 붙지 않은 데이터도 분석할 수 있습니다. 예를 들어 우리가 자주 쓰는 구글 포토나 애플의 포토 앱은 심층 신경망을 기반으로 하는 딥러닝 기술을 이용해 레이블이 없는 사진을 자동으로 분류합니다.

물론 심층 신경망도 단점이 있습니다. 심층 신경망의 학습 과정에서 많은 계산 자원이 필요합니다. 컴퓨터 성능이 매우 좋아야 하지요. 하지만 최근 그래픽카드GPU를 학습에 활용하며 하드웨어적인 한계를 극복하고 있습니다. 이에 따라 심층 신경망은 널리 연구되기 시작했으며, 오늘날 활용되는 딥러닝 알고리즘의 기초 알고리즘으로 자리 잡게 되었습니다. 많은 딥러닝 알고리즘은 심층 신경망을 응용하는 데서 시작하고 있거든요.

역전파

심층 신경망의 오류를 바로잡은
마지막 한 수는?

오늘날 딥러닝 알고리즘은 다양한 형태로 변주되어 곳곳에서 활용 중입니다. 이제부터 대표적인 딥러닝 알고리즘을 하나씩 살펴볼 예정인데요. 그 전에 딥러닝 알고리즘의 핵심 과정 하나를 살펴보고 넘어가려 합니다.

앞서 오늘날 우리가 사용하고 있는 딥러닝 알고리즘의 핵심이 심층 신경망이라는 것을 알아보았습니다. 실제로 많은 딥러닝 알고리즘은 심층 신경망을 적용하고 있으며, 은닉층의 개수가 늘어날수록 성능이 좋아진다고 알려져 있습니다. 하지만 심층 신경망이 처음 나왔을 때만 하더라도 다수의 은닉층에서 여러 연산이 진행되면서 오차가 많이 발생했습니다. 이 오차를 잡아준 것이 바로 역전파Backpropagation입니다.

역전파는 한마디로 신경망이 학습할 때 발생하는 오류를 수정하는 과정입니다. 역전파의 작동 원리를 쉽게 이해하기 위해 예를 들어보겠습니다.

과일 가게 주인이 하루 판매량을 예측하려고 합니다. 날씨, 요일, 행사 여부 등이 입력 데이터가 되겠지요. 신경망은 입력 데이터를 받아 하루 판매량을 예측합니다. 최종적으로 오늘 100개 팔릴 것 같다는 결론이 나왔다고 가정해 보겠습니다. 하지만 실제로는 80개가 팔렸다면, 오류는 20이 되겠죠. 신경망은 이 오류를 사용해 오류가 어떻게 발생했는지 역추적에 들어갑니다. 100이라는 결론에서 시작해 역으로 신경망을 하나하나 살펴보는 거죠. 이 과정에서 오류가 발생한 계층의 수치를 조정하게 됩니다. 이렇게 처음 입력층까지 오류를 수정해 가는 과정을 역전파라고 합니다. 역

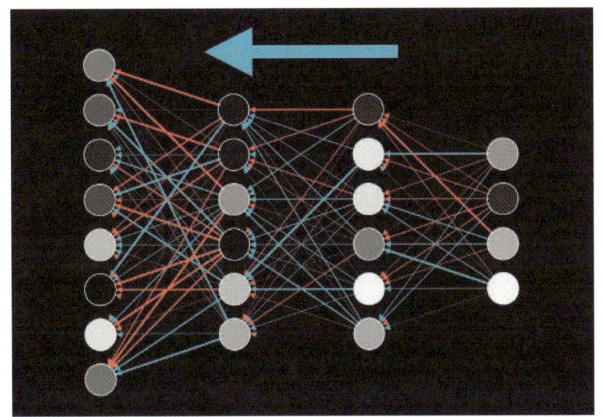

신경망이 학습할 때 발생하는 오류를 분석해 그 원인을 역추적하는 과정을 역전파라고 합니다.

전파는 한 번만 진행되지 않고 여러 번 반복됩니다. 이를 통해 신경망은 점점 더 정확한 예측을 할 수 있게 됩니다.

실제 역전파 과정에서는 좀더 수학적인 접근이 이뤄집니다. 대표적인 역전파 방법 중 하나가 바로 경사하강법Gradient descent인데요. 이름에서 알 수 있듯이 마치 산에서 내려가는 것과 비슷한 개념입니다. 빨리 하산하려면 가장 가파른 길을 내려가야 하듯이 경사하강법도 '경사'라는 개념을 사용해 가장 빠르게 오류를 줄이는 길을 찾아갑니다. 이때 '미분'이라는 방법을 사용해 현재 위치에서 경사가 얼마나 가파른지 계산합니다. 그래서 미분은 인공지능을 배우는 데 꼭 필요한 개념입니다.

역전파가 제안된 이후 신경망의 정확도는 급속도로 향상되었습니다. 심층 신경망이 역전파를 만나면서 비로소 딥러닝이 완성된 것이지요. 이렇게 완성된 딥러닝은 오늘날 이미지 인식, 음성 인식, 자연어 처리 등 다양한 분야에서 중요한 역할을 하고 있습니다.

CNN

인간의 시각 시스템을 모방한
딥러닝 알고리즘

앞서 살펴본 심층 신경망을 활용하는 딥러닝 알고리즘들은 다양합니다. 그중에서도 합성곱 신경망Convolutional Neural Network, CNN은 컴퓨터를 통해 이미지, 비디오 등을 인식하는 컴퓨터 비전Computer Vision 분야에서 두각을 나타내는 알고리즘입니다. CNN은 인간의 시각 시스템을 모방해 개발되었고 다양한 이미지 인식 분야에서 현재 널리 활용되고 있습니다.

CNN은 여러 계층으로 구성된 심층 신경망입니다. CNN의 여러 신경망 계층 중 다른 딥러닝 알고리즘과 가장 큰 차별점을 보이는 것은 합성곱 계층convolutional layer입니다. 이 계층에서는 필터가 활용되는데, 필터를 작은 돋보기라 생각하면 이해하기가 쉽습니다. 그림의 예시처럼 전체 이미지 중 한 부분에 필터를 돋보기처럼 놓습니다. 이미지를 돋보기로 살펴보는 것처럼 필터는 이미지의 일부분만 보게 되죠. 그리고 필터는 이 작은 부분에서 특정한 패턴을 찾습니다. 예를 들어 소녀의 눈 모양이나 머리 모양 같은 특징을 찾는 거죠. 필터가 소녀와 연관이 있는 패턴을 찾으면, 해당 위치에 소녀 관련 점수를 높게 주고, 못 찾으면 낮은 점수를 줍니다.

필터는 이미지의 한 부분만 보는 것이 아니라 왼쪽에서 오른쪽으로, 위에서 아래로 이동하며 이미지의 전체를 작은 돋보기로 훑듯이 움직입니다. 그래서 이미지 모든 부분에서 소녀의 특징을 찾아내려고 하죠. 이렇게 필터를 사용해 이미지 모든 부분에 점수를 매기면 이미지의 특정 위치에 있는 것이 무엇인지 판단을 할 수 있게 됩

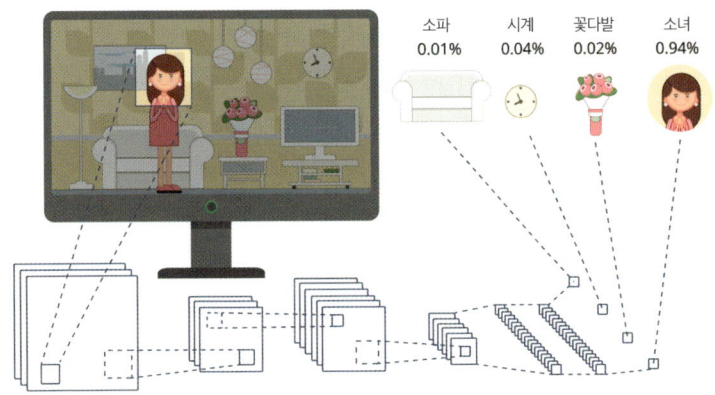

소파 시계 꽃다발 소녀
0.01% 0.04% 0.02% 0.94%

CNN은 필터를 활용해 마치 돋보기처럼 이미지를 부분 단위로 들여다보고 분석해 중요 특징을 찾아냅니다.

니다. 이처럼 합성곱 계층은 이미지를 작은 부분 단위로 분석해 중요 특징을 찾아내고, 이 정보를 바탕으로 이미지를 이해합니다.

CNN은 이미 널리 활용되고 있습니다. 스마트폰에서 얼굴을 인식해 잠금 해제하는 기능이 대표적이죠. 또한 자율 주행에 활용되는 물체 인식 역시 CNN을 활용합니다. 자율 주행 자동차는 CNN을 사용해 도로의 보행자, 차량, 신호등 등을 인식합니다. 이처럼 CNN은 이미지 분류, 물체 인식, 의료 영상 분석 등 다양한 분야에서 활용되고 있습니다. 게다가 인간의 개입 없이도 높은 성능을 보인다는 장점도 있습니다. 이미 CNN은 기계의 눈이 되어 우리의 삶을 돕고 있습니다.

RNN

시계열 데이터 분석에 특화된
딥러닝 알고리즘

순환 신경망Recurrent Neural Network, RNN은 주로 시계열 데이터나 순차적 데이터, 즉 시간이 흐르면서 변화하는 데이터를 처리하는 데 사용하는 딥러닝 알고리즘입니다. 우리 주위에는 시간의 흐름에 따라 변화하는 데이터들이 많습니다. 우리가 하는 말 역시 시간의 순서에 따라 인식되고, 주가의 흐름 역시 시간에 따라 변화하는 데이터 입니다. RNN은 이처럼 순차적 특성을 지닌 자연어 처리, 음성 인식, 시계열 예측 등 다양한 분야에서 활용됩니다.

RNN이 순차적 데이터를 처리하는 데 특화된 이유는 과거의 정보를 기억해서 현 재의 데이터와 결합해 처리하기 때문입니다. 마치 우리가 글을 읽을 때 앞의 내용을 기억하며 현재의 문장을 이해하는 것과 비슷하죠. RNN은 이러한 특성을 통해 시계 열 데이터나 순차적 데이터에서 중요한 패턴을 학습합니다.

딥러닝은 기본적으로 입력층, 은닉층, 출력층을 가집니다. RNN은 이 중 은닉 층이 루프loop 구조라는 특징을 보입니다. 루프 구조를 통해 은닉층은 과거의 정보 를 저장하고, 이를 현재의 데이터와 결합해 처리합니다. 'HELLO'라는 단어가 입력 되면 은닉층은 글자를 처리하고 다음 계층으로 넘기는 것이 아니라 기억합니다. 최 종적으로 'O'가 입력이 되었을 때 RNN의 은닉층은 'H', 'E', 'L', 'L'을 기억하고 있기에 'HELLO'라는 단어를 인식할 수 있게 되고, 다음에 올 글자도 예측할 수 있습니다.

하지만 RNN은 단점도 가지고 있습니다. 바로 기억력이 부족하다는 것입니다.

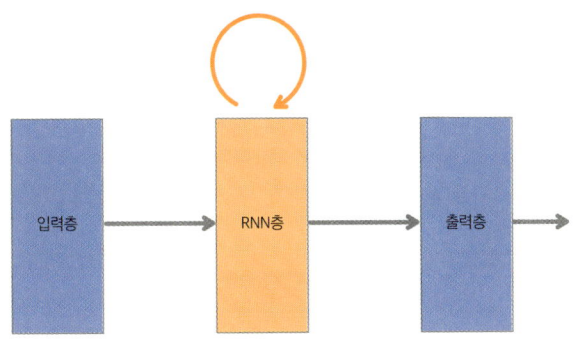

RNN의 은닉층은 루프 구조로 되어 있어 과거의 정보를 기억해 현재의 데이터와 결합해 처리할 수 있습니다.

이 같은 은닉층의 부족한 기억력을 향상하기 위해 RNN을 개량한 알고리즘이 바로 LSTMLong Short-Term Memory입니다. LSTM은 셀 상태cell state라는 개념을 도입해 필요한 정보만 남기고 불필요한 정보는 제거합니다. 이 과정을 통해 LSTM은 RNN보다 정보를 효과적으로 오래 기억할 수 있습니다.

RNN과 LSTM이 가장 많이 활용되는 곳은 자연어 처리, 음성 인식 같은 분야입니다. 또한 주가 예측이나 날씨 예측 같은 시계열 데이터 분석에도 이들 알고리즘이 활용됩니다. 이처럼 RNN과 LSTM은 복잡한 순차적 데이터를 처리하는 데 중요한 역할을 하고 있으며, 오늘날 이들 기술을 기반으로 발전된 첨단 기술들이 다양한 산업 분야에서 널리 활용되고 있습니다.

오토인코더

압축과 복원이 자유자재로 가능한
딥러닝 알고리즘

오토인코더Autoencoder는 데이터를 압축하고 주요 특징을 추출하는 데 특화된 딥러닝 알고리즘입니다. 이 알고리즘은 입력 데이터를 압축해서 잠재 공간latent space이라는 작은 공간에 표현한 후, 다시 원래의 데이터로 복원하는 두 단계로 이루어집니다. 압축에는 인코더Encoder가, 복원에는 디코더Decoder가 활용됩니다.

인코더는 입력 데이터를 압축해서 잠재 공간에 표현하는 역할을 합니다. 예를 들어 큰 이미지를 작은 이미지로 줄이는 것과 비슷하지요. 이 과정에서 중요 특징만 남기고 불필요한 정보는 제거하게 됩니다. 디코더는 압축된 데이터를 다시 원래의 형태로 복원하는 역할을 합니다. 작은 이미지를 큰 이미지로 복원하는 것과 비슷하죠. 이 과정에서 인코더가 남긴 중요 특징을 사용해 원래의 데이터를 최대한 정확하게 복원합니다.

레고 블록을 예로 들어 오토인코더를 좀더 쉽게 이해해 보겠습니다. 레고로 멋지고 큰 성을 만들었다고 생각해 봅시다. 인코더는 이 성을 간단한 설계도로 압축합니다. 설계도가 바로 잠재 공간에 해당하지요. 디코더는 설계도를 바탕으로 다시 레고 블록을 조립해서 원래의 성을 만듭니다. 복원된 성은 원래의 레고 성과 유사하지만, 일부 세부 사항은 달라질 수 있습니다.

압축과 복원을 자유자재로 하는 오토인코더는 이미지 압축, 이미지나 음성에서 잡음을 제거하는 데 사용됩니다. 그리고 이상 탐지anomaly detection에서도 좋은 성능

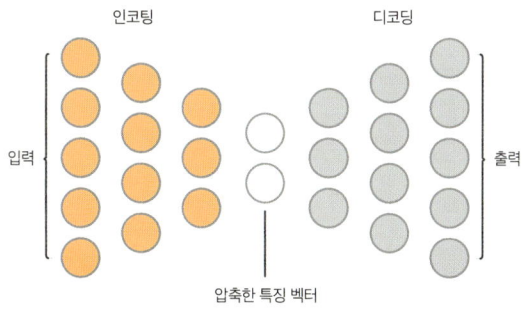

인코팅   디코딩

입력   출력

압축한 특징 벡터

오토인코더는 인코더로 압축하고, 디코더로 복원하는 두 단계로 이루어집니다.

을 보입니다. 이상 탐지는 정상적인 데이터 패턴에서 벗어나는 비정상 데이터를 식별하는 과정입니다.

오토인코더를 통해 신용카드 비정상 거래를 탐지하는 과정을 살펴볼까요? 오토인코더는 정상 거래를 기반으로 압축하고 복원하는 법을 배웁니다. 이후 오토인코더에 새로 발생한 신용카드 거래를 입력합니다. 여기서 오토인코더는 정상 거래를 압축하고 복원하는 법만 배웠으므로 정상 거래는 잘 다루지만, 비정상 거래 데이터는 잘 복원하지 못합니다. 이런 방식을 거쳐 차이가 감지된 거래를 비정상으로 판단하고 사용자에게 경고 메시지를 보내는 것이지요.

이처럼 오토인코더는 데이터 압축, 특징 추출, 잡음 제거, 이상 탐지 등 다양한 분야에서 중요한 역할을 하고 있습니다. 이 같은 인코더와 디코더를 활용하는 구조는 다른 딥러닝 알고리즘에서도 응용되며 새로운 지평을 열어가고 있습니다.

GAN

인공지능도 도둑과 경찰 놀이를 한다?

어린 시절 친구들과 '도둑과 경찰' 같은 술래잡기 놀이를 해본 적이 있나요? 술래가 도망치는 친구들을 잡는 아주 간단한 규칙이지만, 마냥 뛰어다니는 것이 좋던 아이들에게는 안성맞춤의 놀이지요. 인공지능의 알고리즘 중에도 도둑과 경찰의 원리와 유사한 것이 있습니다. 바로 생성적 대립 신경망Generative Adversarial Network, GAN으로, 최근 유행하는 생성형 인공지능Generative AI에 활용되는 기술입니다. 새로운 이미지나 사진을 생성하는 것은 물론, 딥페이크deepfake처럼 실제 인물이 등장하는 가짜 영상을 만드는 데에도 사용됩니다.

그럼, GAN이 어떻게 도둑과 경찰에 나오는 메커니즘으로 동작하는지 살펴보겠습니다. 먼저 도둑 역할을 하는 생성자Generator가 있습니다. 이들은 가짜 이미지나 영상을 생성하는 신경망인데, 입력된 무작위 데이터를 가공해 실제 데이터와 유사한 가짜 데이터를 생성합니다. 도둑이 경찰에게 잡히지 않으려는 것처럼, 생성자는 진짜 같은 가짜 데이터를 만들어 잡히지 않기 위한 노력을 합니다.

도둑이 있으면 잡는 경찰도 있어야겠죠? GAN에서는 도둑을 잡는 경찰 역할인 판별자Discriminator가 있습니다. 판별자는 생성자가 만들어낸 가짜 데이터를 구별할 수 있도록 학습합니다. 도둑을 잡기 위해 경찰이 노력하는 것처럼요.

GAN에서는 도둑과 경찰 놀이가 단 한 번에 끝나지 않는다는 것이 핵심입니다. 생성자는 판별자를 속이기 위해 점점 더 진짜 같은 데이터를 만들고, 판별자는 더 정

생성자

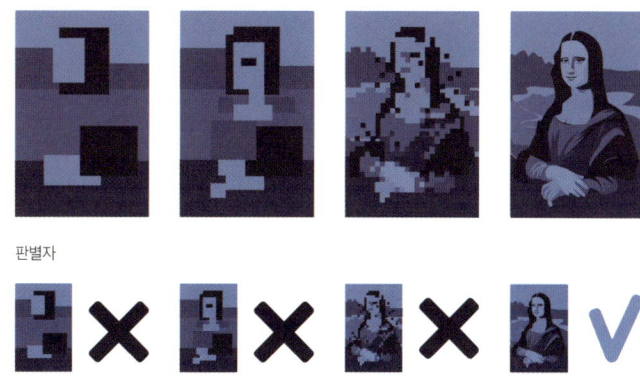

판별자

GAN의 생성자와 판별자는 학습을 반복함으로써 점점 더 진짜 같은 결과물을 내놓게 됩니다.

확하게 가짜 데이터를 구별할 수 있게 학습합니다. 이 과정을 반복하면서 생성자는 점점 더 진짜 같은 데이터를 만들게 됩니다. 그 결과가 현재 생성형 인공지능이 만들어내는 진짜 같은 그림과 사진, 영상 등입니다.

현재 GAN은 고화질 이미지뿐만 아니라 비디오를 생성하는 데에도 사용되고 있습니다. 또한 데이터가 부족한 상황에서 가짜 데이터를 만들어 학습에 도움을 주기도 합니다. 이처럼 GAN은 생성형 인공지능의 새로운 패러다임을 제시하며 인공지능 분야에 큰 영향을 미치고 있습니다. 물론 생성 데이터가 실제 데이터와 너무 유사해 윤리적, 법적 문제가 발생하고 있다는 단점도 존재합니다. 인공지능의 발전으로 발생하는 이러한 역효과에 대해서도 심각하게 고려해야 할 시점이 되었습니다.

워드 임베딩

컴퓨터는 단어를 어떻게 이해할까?

컴퓨터가 단어를 어떻게 인식하는지 궁금하지 않나요? 앞서 우리는 자연어를 이해하는 딥러닝 기법으로 RNN과 LSTM을 알아보았습니다. 그리고 현재 가장 많이 쓰이는 최신 자연어 처리 알고리즘인 트랜스포머에 대해서는 바로 다음에 알아볼 예정입니다. 그 전에 이들 자연어 처리 딥러닝 알고리즘이 인간이 사용하는 단어를 어떻게 인식하는지 먼저 살펴볼까 합니다.

자연어 처리 분야에서는 단어를 벡터vector로 표현해 처리합니다. 이를 워드 임베딩Word Embedding이라고 하며, 단어들 사이의 의미적 관계를 수치화해 컴퓨터가 이해할 수 있도록 도와주는 기술입니다.

예를 들어보겠습니다. 우리가 '사자'라는 단어를 생각하면, '호랑이', '치타', '하이에나' 같은 단어들이 함께 머릿속에 떠오를 것입니다. 이런 단어들은 서로 관련이 있는 것이지요. 워드 임베딩에서는 이 단어들을 모두 벡터로 표현하고, 관련 있는 단어일수록 가까운 위치에 배치합니다. 반대로, '사자'와 '수학'은 서로 관련이 없으니 멀리 떨어지게 됩니다. 그렇다면 단어를 벡터로 표현하는 방법은 무엇일까요?

'수학', '통계', '사자', '호랑이', 네 단어를 벡터로 표현한다고 가정해 봅시다. 워드 임베딩 모델은 수학을 [0.1, 0.8], 통계를 [0.2, 0.7], 사자를 [0.9, 0.1], 호랑이를 [0.8, 0.2]와 같은 벡터로 변환합니다. 이렇게 변환된 벡터 간의 거리를 계산해 단어 간의 관계를 이해합니다. 예를 들어 사자는 호랑이와 가깝지만, 수학과는 멀리 떨어지게

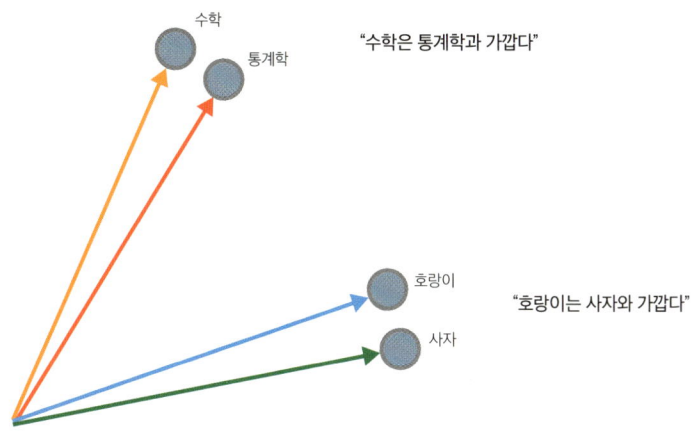

수학

통계학

"수학은 통계학과 가깝다"

호랑이

사자

"호랑이는 사자와 가깝다"

워드 임베딩은 단어들 사이의 의미적 관계를 수치화함으로써 컴퓨터가 이해하도록 돕는 기술입니다.

되죠. 이 과정을 통해 컴퓨터는 단어 간의 의미적 관계를 수치화해서 이해할 수 있게 됩니다.

　워드 임베딩이 나오기 전까지만 해도 기존 언어 모델들은 단어의 의미를 하나하나 독립적으로 이해했습니다. 사자와 호랑이가 비슷한 의미를 가지는 것을 이해하지 못한 것이지요. 그러나 워드 임베딩이 등장함으로써 단어 간의 관계를 수치화해 더 정교한 언어 이해가 가능해졌습니다.

　워드 임베딩은 자연어 처리 분야에서 혁신적 변화를 끌어냈습니다. 단어의 의미와 관계를 수치화해 컴퓨터가 우리의 언어를 더 잘 이해하고 처리할 수 있도록 도와줬습니다. 이 결과, 워드 임베딩은 오늘날 널리 쓰이는 다양한 자연어 처리 인공지능에 활용되고 있습니다.

트랜스포머

챗GPT를 탄생시킨
혁신적인 딥러닝 알고리즘

2024년 가장 주목받는 인공지능 프로그램은 단연코 챗GPT입니다. 그런데 여러분은 챗GPT의 T가 트랜스포머Transformer의 T라는 것을 알고 있나요? 챗GPT는 GPTGenerative Pre-trained Transformer라는 대형 언어 모델LLM을 활용해 만든 프로그램입니다. 그렇다면 과연 트랜스포머는 무엇일까요?

트랜스포머는 자연어처리NLP 분야에서 혁신적인 변화를 끌어낸 딥러닝 알고리즘입니다. 자연어를 처리하는 데 활용되었던 기존 알고리즘으로는 앞서 살펴본 RNN과 LSTM이 있는데요. 이들이 데이터를 순차적으로 처리하는 데 그쳤다면, 트랜스포머는 입력된 문장들을 모두 연산에 활용한다는 특징이 있습니다.

"She brewed me coffee, but it was too strong"이라는 긴 문장을 학습한다고 가정해 보겠습니다. 기존의 언어모델은 순차적으로 단어를 하나씩 입력받았다고 한다면, 트랜스포머는 입력된 문장들의 단어 모두를 처리합니다. 그리고 또 하나 중요한 점은 트랜스포머 알고리즘이 '어텐션Attention' 메커니즘을 활용한다는 점입니다.

어텐션 메커니즘은 각각의 단어가 다른 단어와 얼마나 관련이 있는지를 계산합니다. 두 번째 문장에 있는 'it'은 앞 문장의 'coffee'와 높은 관련성을 가지겠죠. 그리고 'she'와 'brewed'와도 어느 정도 높은 관련성을 갖습니다. 반면 'me'와는 상대적으로 관련성이 떨어지지요. 이처럼 단어들이 서로 얼마나 관련 있는지를 학습 과정에서 알 수 있기에 문맥을 이해할 수 있다는 장점이 있습니다. 이렇게 문맥을 이해

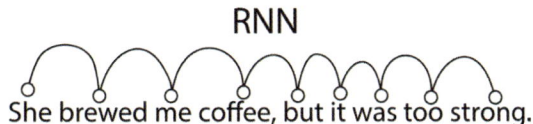

트랜스포머의 어텐션 메커니즘은 각각의 단어가 얼마나 관련 있는지를 계산합니다.

함으로써 챗GPT가 우리와의 대화를 잘 인식하고 마치 사람처럼 대화할 수 있는 것입니다.

자연어를 처리하는 데 특출난 성능을 보여준 트랜스포머는 단번에 딥러닝 알고리즘의 대세로 떠오릅니다. 번역, 자연어 처리를 넘어 질의응답 같은 다양한 자연어 처리 분야에서 활용되고 있지요. 최근에는 자연어를 넘어 이미지, 영상, 음성 등 다양한 데이터를 대상으로 그 활용 범위를 넓혀 나가고 있습니다.

인공지능이 합스부르크 유전병에 걸렸다고?
_합성 데이터

인공지능 학습을 위해서는 양질의 데이터가 대량으로 필요하지만, 현실에서 데이터를 구하는 것은 비용이 많이 들고 규제도 만만치 않습니다. 이 문제를 해결하기 위해 업계에서 활용하는 방법 중 하나가 합성 데이터Synthetic Data입니다. 합성 데이터는 실제 데이터를 모방해 인공지능이 만든 가상의 데이터를 말하는데요. 이러한 데이터는 딥러닝을 기반으로 하는 생성형 인공지능을 통해 만들어지며, 메타Meta를 비롯한 빅테크 기업 다수가 합성 데이터를 직접 만든 후 이들을 기반으로 자사 인공지능 알고리즘을 학습시키고 있습니다. 이 방법을 사용하면 실제 데이터를 수집하고 라벨링하는 데 드는 비용과 시간을 절약할 수 있으며, 프라이버시 문제에서도 자유로울 수 있지요.

하지만 합성 데이터 사용이 증가하면서 우려의 목소리도 커지고 있습니다. 영국 옥스퍼드 대학교와 케임브리지 대학교의 연구진은 「재귀의 저주The Curse of Recursion」라는 논문에서 합성 데이터로 학습된 인공지능이 현실 데이터의 다양성을 반영하지 못한다고 경고했습니다. 또한 호주 모내시 대학교의 연구원 제이선 사도스키Jathan Sadowski는 인공지능 발전 과정에서 합스부르크 가문의 근친혼과 유사한 문제가 발생하고 있다고 주장했습니다. 사도스키가 지적한 합스부르크 가문에서 발생한 문제란 과연 무엇일까요?

유럽의 중세와 근대 역사에서 빼놓을 수 없는 합스부르크 가문은 오스트리아에서 발원해 본국을 비롯해 헝가리, 스페인 등 다양한 지역을 지배했습니다. '합스부르크 가문' 하면 떠오르는 유명한 격언이 바로, "행

실제 데이터를 모방해 인공지능이 만든 합성 데이터로 공부한 인공지능은 근친혼을 통해 유전병을 얻은 합스부르크 가문처럼 현실 데이터의 다양성을 반영하지 못하는 문제를 안게 되었습니다.

복한 오스트리아여, 그대는 결혼하라!"로, 이들은 결혼을 통해 동맹을 다지며 가문과 제국을 번성시켰습니다. 하지만 수세기에 걸쳐 가족 내에서 결혼을 반복하는 우를 범하며, '합스부르크 아래턱' 또는 '합스부르크 입'이라 불리는 특유의 턱 모양이 나타나는 유전병을 얻게 됩니다. 한때 유럽을 호령했던 합스부르크 가문은 유전병으로 가세가 기울며 역사의 뒤안길로 사라지게 되지요.

이 역사에서 영감을 받은 사도스키는 인공지능이 근친 교배로 인해 붕괴하고 있다며, '합스부르크 AI'라는 개념을 주창했습니다. 그는 합스부르크 AI를 '인공지능이 만들어낸 합성 데이터로 많은 훈련을 받은 인공지능 모델은 과장되고 그로테스크한 특징을 가진 근친 돌연변이가 되는 시스템'이라고 정의했습니다.

오늘날 인공지능이 발전하는 데 합성 데이터는 중요한 역할을 하고 있습니다. 하지만 인공지능이 만든 데이터를 가지고 다시 인공지능이 학습하는 과정을 반복하면서 합스부르크 유전병처럼 문제를 일으킬 가능성이 커지고 있지요. 인공지능이 합스부르크 가문의 최후를 따르지 않도록, 합성 데이터의 활용과 실제 데이터의 균형을 맞추는 것이 중요한 시점입니다.

5장

인공지능 응용분야

- ☑ 추천 시스템
- ☐ 인공지능 스피커
- ☐ 음성 비서
- ☐ 챗봇
- ☐ AI 에이전트
- ☐ 이미지 인식
- ☐ 영상 인식
- ☐ 자율 주행
- ☐ 생성형 인공지능
- ☐ 의료 AI
- ☐ 게임 AI
- ☐ 금융 AI
- ☐ 사이버 보안
- ☐ 로봇

추천 시스템

유튜브는 어떻게 사용자가 좋아할 영상을
추천해 주는 걸까?

인공지능 기술이 활용되는 분야는 무궁무진합니다. 그중 추천 시스템Recommendation System을 가장 먼저 소개하는 이유는 이미 우리 주위의 수많은 애플리케이션이 추천 시스템을 적극 활용하고 있기 때문입니다. 우리가 매일 접속하는 소셜 미디어, 스트리밍 서비스, 전자상거래 애플리케이션에서 추천 시스템은 사용자에게 맞춤형 콘텐츠를 제공하고 있습니다. 인공지능 기술을 활용하는 추천 시스템은 사용자의 경험을 향상시키면서 기업의 매출을 증대하는 데 큰 역할을 하고 있습니다.

추천 시스템은 다른 사용자와의 유사성을 기반으로 추천을 진행합니다. 비슷한 취향을 가진 사용자들이 좋아하는 아이템을 추천하는 것이 좋은 예입니다. 혹은 사용자가 이전에 선호했던 아이템의 특징을 기반으로 추천할 수도 있습니다. 예를 들어 사용자가 특정 장르의 영화를 좋아하면, 같은 장르지만 아직 시청하지 않은 영화를 추천하는 거죠. 최근 추천 시스템은 특정 추천 알고리즘 하나에만 의존하는 것이 아니라 앞서 4장에서 언급한 방법들을 결합해 더 정확한 추천을 하고자 합니다.

여러분이 추천 시스템을 가장 많이 접하는 곳은 바로 유튜브YouTube나 넷플릭스Netflix 같은 동영상 스트리밍 서비스일 것입니다. 이들 서비스는 추천 시스템을 이용해 사용자의 시청 기록과 유사한 취향을 가진 다른 사용자들의 데이터를 분석합니다. 이를 통해 사용자에게 맞춤형 콘텐츠를 제공함으로써 시청 시간을 늘리고 있습니다.

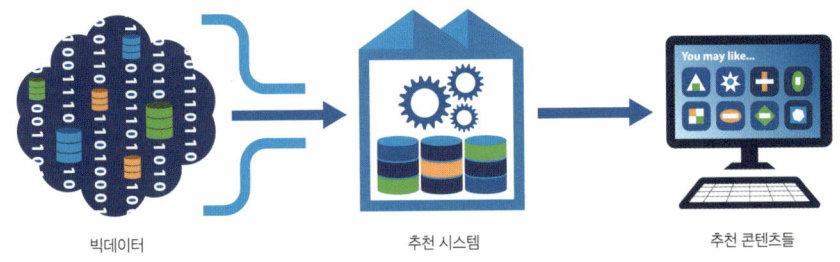

빅데이터　　　　　　추천 시스템　　　　　추천 콘텐츠들

추천 시스템은 사용자의 경험을 향상시키는 한편, 기업의 매출을 증대하는 데 큰 역할을 합니다.

아마존Amazon이나 쿠팡Coupang 같은 전자상거래 업체 역시 제품 추천에 인공지능 기술을 활용합니다. 이들은 사용자의 구매 기록, 검색 기록, 장바구니 내역 등을 분석해 관련 제품을 추천합니다. 세계 최대 음원 스트리밍 플랫폼 스포티파이Spotify는 음악 추천에 인공지능 기술을 활용하고 있습니다. 스포티파이의 추천 시스템은 사용자가 청취한 음악의 특징을 분석해 좋아할 만한 새로운 음악을 추천하죠. 이러한 추천 시스템이 호평을 받아 스포티파이는 사용자 수를 늘릴 수 있었습니다.

맞춤형 추천 시스템은 사용자 경험을 크게 향상시키지만, 단점도 존재합니다. 소셜 미디어상의 지나치게 개인화된 광고는 사생활이 침해당한다고 느끼게 할 수 있는데요. 또한 맞춤형 시스템은 사용자의 편향을 강화하고, 다양한 관점의 정보를 접하는 것을 방해할 수 있습니다. 추천 유튜브 영상만 보면, 한쪽으로 치우친 세계에 갇힐 수 있는 거죠. 이처럼 추천 시스템은 사용자에게 긍정적인 경험을 제공하지만, 개인정보 보호와 정보 다양성 측면을 고려해야 한다는 숙제도 가지고 있습니다. 우리가 추천 시스템이 내재된 프로그램을 쓸 때 주의해야 하는 이유이기도 합니다.

인공지능 스피커

스피커가 음악 재생부터
스마트 홈 제어까지 다 해준다고?

우리 집에는 만 3세 남자아이가 있습니다. 한창 노래를 듣고 율동하는 것을 좋아하는 나이죠. 그런데 아이는 자기가 좋아하는 동요를 듣기 위해 엄마나 아빠에게 노래를 틀어달라고 하지 않습니다. 집에 설치되어 있는 인공지능 스피커를 호출한 후, 자신이 듣고 싶어 하는 노래를 틀어달라고 하죠.

이처럼 인공지능 스피커는 음성 인식 기술을 활용해 사용자와 상호작용하는 스마트 기기입니다. 특별한 조작이 필요 없고 대화로 작동하기에 어린 아이도 자연스럽게 사용할 수 있는 것이지요.

인공지능 스피커가 동작하기 위해서는 먼저 음성을 인식해야 합니다. 보통 인공지능 스피커는 사용자의 음성을 인식한 후 텍스트로 변환합니다. 이 과정은 음성 인식 기술을 통해 이루어집니다. 텍스트로 변환된 음성 명령은 자연어 처리 기술을 통해 분석됩니다. 이 기술은 사용자의 의도를 파악하고, 적절한 응답이나 작업을 결정합니다. 이후 인공지능 스피커는 분석된 명령에 따라 응답을 생성하고, 음성으로 이를 전달하죠. 이를 통해 사용자는 인공지능 스피커와 자연스러운 대화를 나눌 수 있습니다.

인공지능 스피커는 많은 기능을 제공합니다. 음악도 들을 수 있고, 날씨, 뉴스, 일정과 같은 정보도 물어볼 수 있습니다. 또한 스마트 홈 장치를 제어할 수도 있어 조명이나 가전 기기를 켜 달라고 명령할 수도 있습니다. 최근 보급되는 인공지능 스피

인공지능 스피커는 음성 인식 기술을 활용해 사용자와 상호작용을 합니다.

커는 TV와 연동되어 음성으로 콘텐츠 선택 및 재생을 할 수도 있습니다.

현재 가장 인기 있는 인공지능 스피커는 아마존 에코Amazon Echo입니다. 아마존의 음성 비서인 알렉사Alexa를 탑재하고 있는 에코는 경쟁 기기들보다 빠르게 출시되어 시장을 선점할 수 있었습니다. 북미권에서 가장 인기 있는 인공지능 스피커이지요. 이외에도 구글, 애플, 삼성전자 역시 자사의 음성 비서를 탑재한 인공지능 스피커를 시장에 출시했습니다. 국내의 통신사들 역시 자사의 IPTV와 연동되는 인공지능 스피커를 보급하고 있습니다.

스마트 홈의 중심에는 단연코 인공지능 스피커가 있습니다. 실제로 많은 전자 회사가 스마트 홈의 허브 기기로 인공지능 스피커를 꼽고 있죠. 아직 인공지능 스피커의 음성인식 기능이 사용자의 요구 수준을 완벽하게 만족시키지는 않아 시장에서 큰 호응을 얻지는 못하고 있지만, 향후 인공지능 기술의 발전과 함께 인공지능 스피커는 더욱 정교해지고, 다양한 기능을 제공할 것입니다.

음성 비서

음성 명령만으로 원하는 모든 것을
실행할 수 있다고?

아마 많은 사람들에게 가장 익숙한 인공지능 응용 프로그램은 애플의 시리Siri, 삼성의 빅스비Bixby, 구글 어시스턴트Google Assistant와 같은 음성 비서Voice Assistant일 것입니다. 거의 모든 사람이 스마트폰을 사용하게 되면서 스마트폰에 내장된 음성 비서는 우리 생활 속에서 많은 역할을 하고 있습니다.

음성 비서는 마이크로 입력된 사용자의 음성을 텍스트로 변환하고, 이를 분석해 적절한 응답이나 작업을 수행하는 인공지능 시스템입니다. 음성 비서와 인공지능 스피커에 적용된 인공지능 기술은 밀접하게 관련되어 있어 작동원리가 유사합니다. 다만 기술이 적용된 기기가 다르다는 차이점이 있지요. 인공지능 스피커는 말 그대로 스피커에 내장되어 주로 집이나 사무실 같은 실내에서 활용된다면, 음성 비서는 스마트폰에 내장되어 사용자가 이동하는 그 어느 곳에서나 도움을 줄 수 있습니다.

우리는 음성 비서를 통해 스마트폰을 활용할 수 있습니다. 음성으로 날씨, 뉴스, 일정 등 정보를 물어볼 수도 있고, 원하는 음악을 들을 수도 있지요. 알림을 설정하거나 타이머도 설정할 수 있습니다. 또한 메시지를 보내거나 전화를 걸 수도 있습니다.

가장 유명한 음성 비서는 애플의 시리입니다. 시리는 애플의 스마트폰인 아이폰뿐만 아니라 아이패드, 맥북, 애플워치, 에어팟 등 다양한 애플 기기를 제어할 수 있습니다. 삼성의 스마트폰인 갤럭시에 내장된 빅스비 역시 시리와 유사한 기능을 제

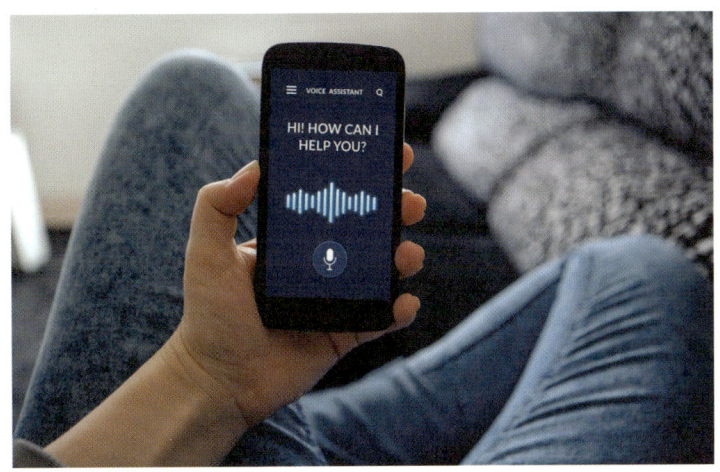
스마트폰에 내장되어 있는 음성 비서가 언제 어디서나 사용자를 도와 줍니다.

공합니다.

　음성 명령만으로 다양한 작업을 수행할 수 있다는 점이 음성 비서의 최대 장점입니다. 손을 사용하기 힘든 운전을 하는 상황에서 음성 비서는 그 진가를 발휘하죠. 시각 장애인이나 신체적 제한이 있는 사람들에게도 유용하고요. 하지만 아직까지는 음성 인식에서 오류가 많다는 점이 최대 단점입니다. 이로 인해 사용성이 떨어져 시리나 빅스비를 쓰지 않는다는 사람도 있지요.

　그렇지만 인공지능 기술은 계속해서 발전하고 있고, 음성비서의 단점 또한 빠르게 보완되고 있습니다. 이른 시일 내에 누구나 완벽한 개인 비서를 갖게 되리라 기대해 봅니다.

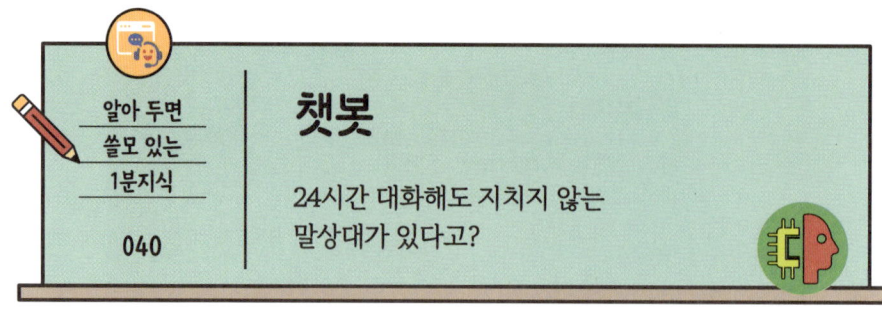

챗봇

24시간 대화해도 지치지 않는 말상대가 있다고?

과거에는 제품 AS를 요청하거나 항공권을 예약하려면 상담원과 통화해야만 했습니다. 하지만 최근에는 사람과 대화하지 않고, 챗봇ChatBot이라는 애플리케이션을 통해 해당 업무를 진행하는 경우가 많아졌지요. 많은 항공사는 고객이 비행기 예약, 체크인, 비행기 일정 확인 등을 할 수 있도록 돕는 챗봇을 운영합니다. 전자상거래 업체 역시 채팅이나 음성으로 상품 검색 및 주문을 돕는 챗봇을 두고 있습니다. 가전제품이 고장 나면 우리는 해당 제조사의 챗봇과 대화하며 수리 방법을 찾지요.

이처럼 챗봇은 일상생활에서 널리 활용되는 기술 중 하나입니다. 챗봇은 '채팅'과 '로봇'의 합성어로, 사람과 대화할 수 있는 컴퓨터 프로그램을 의미합니다. 문자 메시지로 주로 소통하지만, 최근에는 음성 형태로 소통하는 챗봇도 늘고 있습니다. 챗봇의 가장 큰 장점은 24시간 내내 쉬지 않고 작동하며, 고객 서비스, 정보 제공, 심지어 개인 비서 역할까지 할 수 있다는 것입니다.

챗봇은 사람과 소통하는 인공지능 프로그램이 그러하듯이 자연어 처리 기술을 기반으로 합니다. 컴퓨터가 인간의 언어를 이해하고 해석하는 기술인 자연어 처리를 통해 챗봇은 사용자의 질문이나 요청을 이해하고 적절한 답변을 제공합니다.

우리는 일상생활에서 챗봇을 다양한 분야에서 접합니다. 앞서 언급한 고객 서비스, 전자 상거래는 물론 의료 분야와 교육에서도 활용됩니다. 듀오링고Duolingo 같은 언어 학습 앱에서는 사용자가 언어를 학습할 수 있도록 챗봇이 도와줍니다. 하지만

챗봇을 이용하면 사람과 직접 대화하지 않고도 다양한 업무를 처리할 수 있습니다.

여러분도 챗봇과 상담하다가 답답함을 느낀 적이 있었을 것입니다. 챗봇의 대답 성능이 사람과 대화할 때만큼 자연스럽고 유연하지 않기 때문이었지요.

　주춤하던 챗봇의 붐을 다시 일으킨 건 역시 챗GPT였습니다. 챗GPT 역시 챗봇의 일종으로도 볼 수 있는데요. 기존의 챗봇들이 특정 질문에 대한 답변을 제공하는 데 중점을 두었다면, 챗GPT는 더 자연스럽고 유창한 대화를 나눌 수 있어 큰 사랑을 받게 됩니다. 기존의 챗봇보다 발전된 형태의 챗GPT가 등장하며, 우리의 디지털 대화 파트너는 더욱 똑똑하고 인간적인 모습으로 진화하고 있습니다.

AI 에이전트

아이언맨의 만능 비서 자비스가
현실에도 등장할까?

2024년 5월, 오픈AI는 사람과 음성으로 대화하는 챗GPT의 새 모델, 'GPT-4o(지피 티-포옴니)'를 발표했습니다. 기존 챗GPT는 텍스트로 채팅만 가능했는데, 이 한계에서 벗어나 음성으로 대화를 할 수 있게 된 점이 가장 큰 변화입니다. 함께 공개한 기능들도 놀라움의 연속이었습니다. 여러 외국어를 동시에 통역함은 물론, 수학 문제도 척척 풀고, 시각 장애인의 눈이 되어 길을 안내해 주는 놀라운 장면도 선보였습니다. 직관적이면서 자연스러운 인터페이스를 가진 AI 에이전트AI Agent의 시대가 열리고 있습니다.

오픈AI의 신제품 발표 바로 다음 날, 구글은 '프로젝트 아스트라project astra'라는 AI 에이전트를 발표합니다. 애플 역시 시리의 인공지능 기능을 대폭 업그레이드한다고 밝히고 있죠. 많은 회사가 AI 에이전트 시장에 뛰어들면서 우리는 스마트폰은 물론 PC, 스마트 스피커 등 다양한 기기에서 인공지능을 만날 수 있을 것으로 예상됩니다.

AI 에이전트를 어떻게 활용할 수 있을까요? 언제 어디서나 전문적인 지식이 필요하면 AI 에이전트에게 요청할 수 있겠죠. 단순 정보를 넘어 전문적인 영역의 지식까지 쉽게 확인할 수 있습니다. 또한 AI 에이전트는 카메라를 통해 처음 방문하는 장소의 길을 안내해 줄 수 있고, 맛집도 추천할 수 있습니다. 또한 외국인과 대화에서 통역도 해줄 수 있죠.

언제 어디서나 전문 지식이 필요하면 AI에이전트의 도움을 받을 수 있습니다.

　여기서 한발 더 나아간다면 우리의 업무를 대신 수행해 주는 AI 에이전트를 기대
해 볼 수 있습니다. 지금은 우리가 직접 앱을 열어서 은행 업무를 처리하거나 이메일
을 확인합니다. 이제는 AI 에이전트가 이러한 작업을 대신 처리해 줄 수 있습니다.
이쯤 되면 일상에 AI가 자연스레 녹아듦은 물론, 나아가 인공일반지능AGI으로 발전
하는 모습도 상상해 볼 수 있습니다. 이제 영화 〈그녀〉에서 봤던 사만다 또는 〈아이
언맨〉의 만능 비서 자비스 같은 AI 에이전트를 조만간 볼 수 있을 것 같습니다.

이미지 인식

휴대전화 속 이미지는
어떻게 자동 분류될까?

인공지능의 주요 응용 분야 중 하나는 이미지 인식Image Recognition입니다. 컴퓨터가 이미지 속의 객체, 인물, 장면, 텍스트 등을 자동으로 인식하고 분석하는 기술로, 옆에 제시한 사진과 같이 이미지 속에 있는 산, 호수, 집 등의 객체를 정확하게 인식해 냅니다.

이미지를 인식하고자 하는 시도는 인공지능 연구가 시작된 이래로 계속 있었습니다. 하지만 컴퓨터의 연산 능력이 제한적이어서 복잡한 이미지 인식은 어려웠죠. 신경망 기술이 등장한 1990년대에도 여전히 알고리즘 성능이 기대에 못 미쳤는데, 2012년에 이르러 혁신적인 변화가 일어납니다. 이미지를 얼마나 잘 분류하는지를 겨루는 경진대회에서 제프리 힌턴과 그의 제자 알렉스 크리제브스키Alex Krizhevsky가 개발한 알렉스넷AlexNet이 우승하면서 딥러닝의 잠재력이 대중에게 알려졌습니다. 알렉스넷은 CNN을 사용해 다른 알고리즘 대비 압도적 성능을 보였는데요. 이후 CNN을 기반으로 한 딥러닝 모델이 발전하면서 이미지 인식 분야는 급속도로 발전하게 되었습니다.

이미지 인식 기술은 현재 다양한 산업과 일상생활에서 활용되고 있습니다. 의료 분야에서는 CT와 MRI 이미지에서 종양이나 병변을 찾는 데 활용됩니다. 또한 보안 분야에서도 적극 활용되고 있는데, 얼굴이나 차량 번호판을 인식하는 경비 시스템이 대표적인 예이지요.

컴퓨터가 자동으로 이미지를 인식하고 분석해 다양한 기준에 따라 분리해 줍니다.

여러분이 가지고 있는 스마트폰에도 이미지 인식을 활용하는 프로그램이 탑재되어 많이 있습니다. 얼굴을 인식해 잠금을 해제하는 기능이 대표적이죠. 또한 구글이나 애플에서 제공하는 사진 앱 역시 이미지 인식 기술을 활용합니다. 이들은 사용자가 업로드한 사진을 분석해 자동으로 사람, 장소, 사물 등을 인식하고 분류하죠. 예를 들어 특정 인물의 사진만 모아서 볼 수 있는 것도 이미지 인식 기술을 활용한 것입니다.

이미지 인식 기술은 오랜 연구와 여러 차례 혁신을 거치며 지금의 높은 성능에 이르렀습니다. 최근에는 CNN 기술과 함께 앞서 살펴본 트랜스포머 기술 역시 이미지 인식에 도입되고 있습니다. 앞으로도 발전을 거듭할 이미지 인식 기술은 더 많은 분야에서 활용되며 새로운 가능성을 열어갈 것입니다.

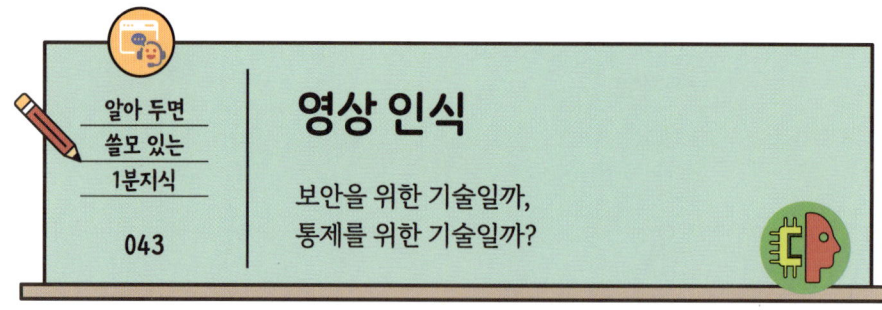

영상 인식

보안을 위한 기술일까,
통제를 위한 기술일까?

이미지 인식을 넘어 최근에는 영상을 인식하는 인공지능 기술도 크게 발전하고 있습니다. 특히, 이미지 인식에서 발군의 실력을 보인 CNN이 3D 영상에도 적용된, 3D CNN 기술이 등장하면서 효과적인 영상 인식Video Recognition이 가능해졌습니다. 최근에는 트랜스포머 기반의 모델도 영상 인식에 도입되고 있죠.

영상 인식은 다양한 분야에서 활용됩니다. 구글의 유튜브는 영상 내 콘텐츠를 분석해 관련 동영상을 추천하고 부적절한 콘텐츠를 자동으로 감지합니다. 아마존 웹 서비스Amazon Web Service, AWS의 영상 분석 서비스인 레코그니션Rekognition은 얼굴 인식, 행동 감지, 객체 추적 등을 지원합니다. 테슬라의 자율 주행 시스템인 오토파일럿Autopilot 역시 영상 인식 기술을 통해 도로 상황을 실시간으로 분석하죠.

영상 인식이 활용되는 또 다른 분야는 보안입니다. 지능형 CCTV나 얼굴 인식 시스템에 영상 인식 기술이 적용되는데요. 이 분야의 대표 기업은 중국의 센스타임SenseTime입니다. 딥러닝 기술을 활용한 영상 인식 분야에서 두각을 나타내는 센스타임은, 특히 얼굴 인식 기술 분야에서 세계 최고 수준의 기술을 보유하고 있습니다. 중국의 여러 도시에서는 센스타임의 얼굴 인식 기술을 활용해 공공장소의 보안을 강화하고 있습니다.

센스타임은 뛰어난 기술력으로 많은 주목을 받고 있지만, 여러 비판과 논란에도 휩싸였는데요. 얼굴 인식 기술이 남용되면서 개인의 사생활 침해 우려가 제기되고

영상 인식은 감시와 통제에도 활용될 가능성이 높습니다.

있습니다. 특히 센스타임의 기술이 중국 내 소수민족에 대한 감시와 통제에 사용된다는 보도가 나와 미국 정부의 제재 명단에 오르기도 했습니다.

이처럼 영상 인식 기술은 다양한 산업에 혁신적인 솔루션을 제공하지만, 동시에 프라이버시 침해와 인권 문제 등 여러 비판과 논란에 직면해 있습니다. 인공지능 분야에서는 이러한 문제를 어떻게 해결할지에 대한 논의가 필요하며, 이는 센스타임뿐만 아니라 전 세계 AI 기업이 꼭 풀어야 할 중요 과제입니다.

자율주행

운전자가 운전하지 않는 시대가 온다고?

주위에 점점 자율주행Autonomous Driving 차량이 늘고 있습니다. 최근 판매되는 차량에는 제한적이지만 자율주행 기술이 탑재되어 있으며, 시범적으로 운영하는 자율주행 버스나 셔틀도 흔히 볼 수 있습니다. 그렇다면 자율주행은 무엇일까요?

자율주행은 인공지능 기술의 집합체라고 해도 과언이 아닙니다. 자율주행 차량들은 다양한 센서와 카메라로부터 수집된 데이터를 바탕으로, 실시간으로 주행 상황을 분석하고 판단을 내립니다. 먼저 컴퓨터 비전 기술이 활용되는데요. 컴퓨터 비전 기술이란 앞서 살펴본 이미지 혹은 영상을 인식하는 기술로, 사람으로 비유하면 컴퓨터의 눈이라 할 수 있습니다. 자율주행 차량은 컴퓨터 비전 기술을 통해 주변 환경을 인식하고, 보행자, 차량, 도로 표지판 등을 식별합니다. 이후 딥러닝과 강화학습 등을 활용해 다양한 주행 상황에서 최적화된 결정을 내리게 됩니다.

자율주행 기술은 레벨 0부터 레벨 5까지 여섯 단계로 구분합니다. 레벨 0이 완전 수동 운전이며, 레벨 5는 완전히 자동화된 운전이죠. 현재 상용화된 기술은 대부분 레벨 2로 부분 자동화에 해당합니다. 차량이 일부 주행 작업을 자동으로 수행하지만, 운전자가 상황을 항상 파악하고 있어야 하며, 운전대를 잡고 있어야 합니다. 그러나 최근 글로벌 완성차 기업들은 레벨 3 자율주행차를 양산하기 시작했습니다. 레벨 3은 조건부 자동화로, 차량이 대부분의 상황에서 완전히 자동으로 주행할 수 있으나, 긴급 상황에서는 운전자가 개입해야 하죠. 또한, 많은 기업은 고도로 자동화된

자율주행은 인공지능 기술의 집합체입니다.

주행이 가능한 레벨 4를 목표로 기술력 확보를 위해 경쟁하고 있습니다.

우리가 잘 알고 있는 대부분의 완성차 업체는 물론이고 테슬라, 구글의 웨이모Waymo 등이 자율주행 시장을 선도하고 있습니다. 국내의 현대자동차 역시 자율주행 기술이 탑재된 차량을 출시하고 있습니다. 최근에는 자율주행 기술이 자동차를 넘어 무인항공기, 드론 같은 이동 수단에도 탑재되고 있습니다.

이처럼 자율주행 기술은 우리 일상에 조금씩 스며들고 있습니다. 자율주행 차량을 통해 교통사고 감소 및 차량 흐름 개선을 기대해 볼 수 있습니다. 또한, 차량 내에서의 고객 경험 역시 획기적으로 변화할 전망입니다. 운전에 집중하던 운전자가 차량 내에서 다른 다양한 업무를 수행할 수 있게 된 것이지요. 자율주행 기술의 발전을 통해 우리의 이동 방식은 더욱 혁신적으로 변화할 것입니다.

생성형 인공지능

인공지능이 창의적인
예술 작품을 만들 수 있을까?

2022년 8월, '콜로라도 주립 박람회 미술대회'에서 제이슨 M. 앨런이 생성형 인공지능Generative AI인 미드저니Midjourney를 사용해 제작한 작품 '스페이스 오페라 극장'이 1위를 차지했습니다. 수상한 분야가 디지털 아트 부문이긴 하나, 단 한 번의 붓질조차 하지 않은 미술 작품이 우승을 차지하는 게 정당한지를 놓고 갑론을박이 이어졌지요.

이처럼 그림, 글, 음악, 동영상 등 다양한 형태의 창작물이 생성형 인공지능으로부터 만들어지고 있습니다. 생성형 인공지능은 기존의 데이터를 학습해 새로운 데이터를 생성합니다. 예를 들어 많은 양의 글을 읽고 학습한 인공지능은 새로운 글을 쓰며, 많은 그림을 학습한 인공지능은 새로운 그림을 그릴 수 있습니다. 생성형 인공지능은 주로 딥러닝을 사용하며, 수많은 딥러닝 기술 중에서도 앞서 살펴본 트랜스포머라는 기술을 많이 사용했습니다. 이미지와 영상을 생성할 때는 확산 모델Diffusion model도 많이 활용하는데요. GAN보다 성능이 더 좋은 것으로 알려져 있는 확산 모델은 물에 떨어뜨린 물감이 퍼지는 것과 같이 분자가 확산되는 과정을 기반으로 만든 인공지능 모델입니다.

가장 대표적인 생성형 인공지능은 역시 챗GPT입니다. 챗GPT는 사람과 자연스럽게 대화하면서 질문에 대한 답변을 생성하죠. 또한, 챗GPT는 소설, 기사, 시, 수필 등 다양한 글을 생성하기도 합니다. 챗GPT와 유사한 구글의 제미나이Gemini나 마이

생성형 인공지능 미드저니가 만든 그림들

크로소프트의 코파일럿copilot 역시 생성형 인공지능의 범주에 속합니다.

좀 더 예술 분야에 특화된 생성형 인공지능도 있습니다. 앞서 언급한 미드저니를 비롯해 오픈AI의 달리DALL-E는 그림을 생성합니다. 이들은 기성 화가들의 화풍을 흉내 내기도 하며, 여러 화가의 화풍을 융합해 새로운 형태의 그림을 창조하기도 합니다. 음악을 만드는 인공지능도 존재합니다. 구글에서 공개한 마젠타Magenta가 대표적이죠. 최근에는 동영상을 생성하는 인공지능이 발표되어 화제에 올랐습니다. 오픈AI는 영화와 같은 영상을 만들어내는 소라Sora를 공개했으며, 구글은 비오Veo로 맞불을 놨습니다. 바야흐로 생성형 인공지능의 전쟁이 시작되었습니다.

생성형 인공지능은 예술, 글쓰기뿐만 아니라 게임 디자인, 마케팅 등 다양한 분야에서 결과물을 만들어내고 있습니다. 하지만 생성형 인공지능으로 인한 문제들도 많습니다. 인공지능이 기존 작품을 학습해 새로운 콘텐츠를 생성하는 과정에서 저작권 침해 문제가 벌어질 수 있습니다. 창의성이 중요한 영역에서 인공지능이 과연 '창의적'인 결과물을 내놓고 있다고 볼 수 있는 걸까요? 또한, 인공지능의 작품이 수상을 한 경우처럼 작품의 가치에 대한 논쟁도 벌어지고 있습니다. 생성형 인공지능은 점차 더 많이 활용될 텐데, 이에 따른 문제를 어떻게 풀어가야 할지가 새로운 숙제가 되고 있습니다.

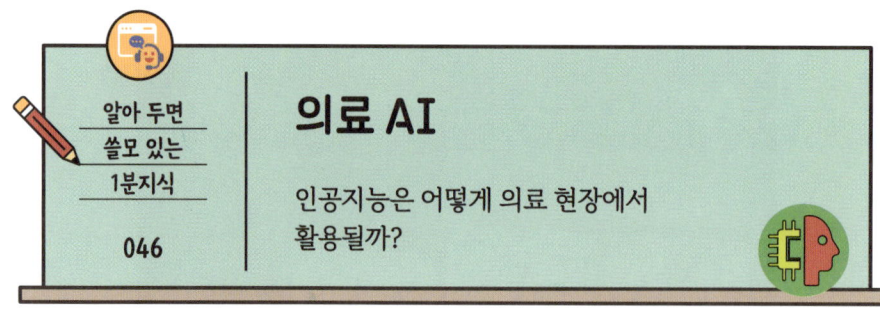

의료 AI

인공지능은 어떻게 의료 현장에서
활용될까?

가장 먼저 인공지능을 활용하고자 시도한 것은 의료 분야입니다. 1970년대 개발된
마이신Mycin은 감염성 질병을 진단하고 항생제를 처방하기 위한 목적으로 만들어진
전문가 시스템입니다. 전문가 시스템 자체가 가지고 있는 한계는 보여줬지만, 이후
의료 AIMedical AI 시스템의 기반이 되는 중요한 단계였죠.

그 이후, 의료 AI에 도전장을 던진 것은 IBM의 왓슨Watson입니다. 왓슨은 2011
년 2월 미국의 유명 퀴즈쇼 〈제퍼디〉에서 우승하며 명성을 날렸는데요. 왓슨은 자연
어 처리 기술을 기반으로 진단과 치료를 지원하는 역할을 맡았습니다. 하지만 수익
성 악화로 퇴출당하는 굴욕을 맛보게 되죠.

이처럼 인공지능 기술을 이용해 더 나은 의료 서비스를 제공하고자 하는 시도
는 오래전부터 계속 이어지고 있습니다. 쉽지 않은 과정들을 거쳐 최근의 의료 AI
는 컴퓨터 비전 기술을 활용해 진단을 내리는 데 초점을 맞추고 있습니다. 예를 들어
X-Ray나 MRI 이미지를 분석해 질병을 진단하는 거죠.

대표적인 기업으로는 구글의 자회사인 딥마인드가 있습니다. 보통 딥마인드를
바둑을 잘 두는 알파고만 만들었다고 생각하는데, 알파고 출시 이후 딥마인드는 다
양한 분야에서 성과를 보여줍니다. 그중 하나가 의료 분야입니다. 이들은 인공지능
기술을 활용해 의료 영상을 분석하고, 이를 기반으로 진단을 돕는 솔루션을 개발하
고 있습니다. 특히, 눈 질환을 진단하거나 신장 질환을 예측하는 분야에서 높은 정확

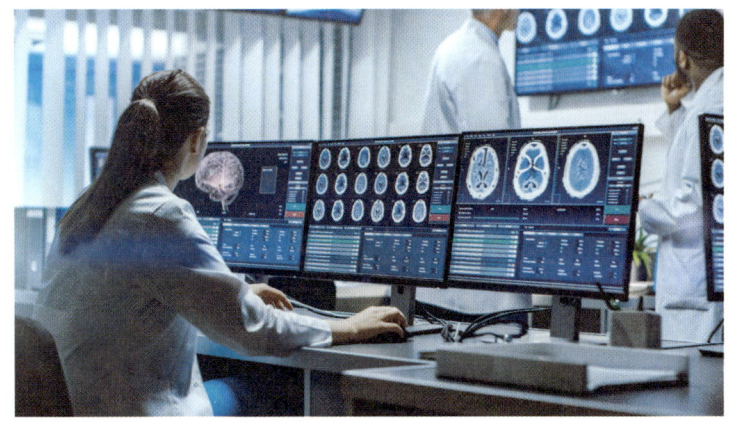

의료 AI를 활용하면 질병을 더 빠르고 정확하게 진단할 수 있습니다.

도를 보여주고 있습니다.

의료 영상을 분석하는 분야에서는 국내 기업의 활약도 돋보입니다. 루닛Lunit은 의료 영상 분석에 특화된 인공지능 솔루션을 제공하며, 특히 암 진단 분야에서 주목 받고 있습니다. 코스닥에 상장하기도 한 루닛은 해외 시장 진출에도 적극적입니다. 뷰노Vuno 역시 의료 분야에서 두각을 나타내고 있습니다. 뷰노는 다양한 의료 데이터를 분석해 진단과 예측을 돕는 솔루션을 개발하고 있으며, 역시 해외시장 확대에 주력하고 있습니다.

의료 AI가 의료 현장에서 활용됨에 따라 질병을 더 빠르고 정확하게 진단할 수 있게 되었습니다. 하지만 그 한계를 인정하고 주의할 점도 분명히 존재하는데요. 우선 진단에서 오류가 발생할 경우 환자의 건강에 심각한 영향을 미칠 수 있다는 점을 늘 염두에 두어야 합니다. 또한, 민감한 환자 데이터를 필요로 하기에 프라이버시 침해와 관련한 문제도 신중히 고려해야 할 필요가 있습니다.

게임 AI

인공지능이 게임의 재미와
몰입감을 높여 준다고?

여러분이 좋아하는 게임에도 인공지능이 많이 활용되고 있다는 사실, 알고 있나요? 게임에서 인공지능은 재미와 몰입감을 높이는 데 중요한 역할을 합니다. 게임 AIGame AI는 플레이어와 상호작용을 하는 NPCNon-Player Character, 비 플레이어 캐릭터를 제어하고, 게임의 난이도를 조절하며, 더욱 현실감 있는 게임 세계를 만드는 데 기여합니다.

유명한 게임 시리즈인 〈더 라스트 오브 어스〉에서는 동료 NPC가 플레이어를 도와 적과 싸우는데요. 이는 NPC가 상황에 따라 플레이어를 지원하도록 인공지능을 사용한 사례입니다. 또 다른 유명 게임 시리즈인 〈어쌔신 크리드〉 역시 인공지능으로 학습한 NPC가 플레이어의 행동에 따라 다양한 반응을 보이죠. 좀비 게임으로 유명한 〈레프트 4 데드〉에는 AI 디렉터가 있어 플레이어의 실력에 따라 적의 수와 강도를 조절해 적절한 난이도를 유지합니다.

게임을 개발하고 운영하는 데도 인공지능은 적극 활용됩니다. 〈어쌔신 크리드〉를 개발한 제작사인 유비소프트Ubisoft는 모션 캡처 작업에서 AI를 활용해 자동 보정을 수행했습니다. 이를 통해 기존 수작업으로 4시간 걸리던 작업을 4분 만에 할 수 있게 되었지요. 넷마블은 〈콜럼버스 프로젝트〉를 통해 사용자 패턴을 학습해 개인 맞춤형 게임 서비스를 제공하면서 사용자에게 최적화된 게임 경험을 제공합니다. 넥슨의 〈라이브 봇 디텍션〉은 게임 내 데이터를 분석해서 불법 프로그램을 탐지합니

게임 캐릭터에 AI를 적용한 <더 라스트 오브 어스 파트 II>

다. 또한 많은 게임 회사들이 인공지능을 사용해 게임 테스트를 자동화하고 있습니다. 이 과정에서 인공지능은 다양한 시나리오를 빠르게 테스트해 버그를 발견합니다. 이를 통해 개발 시간과 비용을 절약할 수 있죠.

이처럼 게임에 적용되는 인공지능은 게임의 몰입도를 향상하고, 실제와 같은 환경을 구성할 뿐만 아니라 게임 개발 및 운영에도 도움을 주고 있습니다. 만약 여러분이 게임을 좋아하고, 인공지능 분야에도 관심이 있다면 게임 AI 분야를 좀 더 탐색해 보는 건 어떨까요?

금융 AI

인공지능은 주식 투자도 잘할까?

2021년 국내 방송사 SBS는 〈세기의 대결 AI vs 인간〉이라는 흥미로운 다큐멘터리를 방영했습니다. 음악, 미술 등 다양한 분야에서 인간과 인공지능이 대결을 하는 콘셉트였는데, 그중 한 분야가 주식 투자였습니다. 특정 기간 동안 벌어진 대결에서 주식 투자 수익률이 0에 가까웠던 인공지능과 달리, 주식 투자를 전문으로 하는 한 출연자는 40퍼센트의 수익률을 내며 압승을 거두었습니다.

비록 고수와의 대결에서는 패배했지만, 방송에서는 인공지능이 주식 투자에도 소질이 있음을 보여 주었습니다. 코로나로 투자 환경이 좋지 않아 많은 이들이 손실을 본 장에서 손해를 보지 않았다는 것만으로도 높은 평가를 받았지요. 이처럼 인공지능은 금융 분야로도 활동 범위를 넓히고 있습니다.

사람들이 가장 원하는 인공지능 서비스는 자신을 대신해 주식 투자를 잘 해줄 인공지능일 것입니다. 이를 대표하는 것이 바로 로보어드바이저Robo-Advisor입니다. 로보어드바이저는 고객의 투자 목표와 위험 성향을 분석하고, 최적의 투자 전략을 제안하는데요. 여기서 인공지능은 시장 데이터를 실시간으로 분석해 포트폴리오를 자동으로 조정해 줍니다. 대표적인 기업으로는 미국의 스타트업인 베터먼트Betterment와 웰스프론트Welthfront가 있습니다. 두 회사에 예치된 금액만 400억 달러약(45조 원)에 이른다고 하는데요. 로보어드바이저에 대한 관심을 알 수 있는 부분입니다.

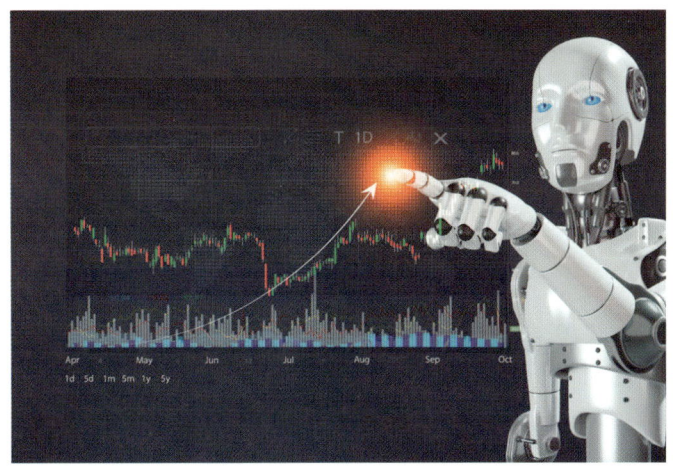

AI는 데이터 분석은 물론 심리 파악도 잘해야 하는 주식 투자에도 소질이 있을까?

대규모 자산운영사 역시 인공지능을 투자에 활용 중입니다. 우리가 뉴스에서 한 번씩 이름을 들어봤을 법한 회사들은 대부분 인공지능이 적용된 알고리즘 트레이딩을 수행합니다. 또한 이들 회사는 금융 서비스를 효율화하는 데에도 인공지능을 활용합니다. 신용 평가 및 대출 심사에 인공지능을 활용하며, 금융 사기를 적발하는 데에도 인공지능 알고리즘을 사용합니다. 신용도를 예측해 대출을 제공하는 서비스에 특화된 업스타트Upstart 같은 기업도 시장에 빠르게 자리를 잡고 있죠.

금융 시장은 기본적으로 고려해야 할 변수들이 많습니다. 특히 사람의 심리까지 파악해야 하기에 인공지능의 예측 정확도가 다른 분야에 비해 떨어지는 편이었는데요. 최근에는 알고리즘의 혁신으로 금융 분야에서도 인공지능이 널리 활용되고 있습니다. 앞으로 인공지능이 활약할 금융 산업의 변화를 지켜보는 것도 하나의 재미가 될 것입니다.

사이버 보안

인공지능을 활용한
창과 방패의 싸움 결과는?

모든 것이 인터넷을 통해 이루어지는 디지털 시대에 사이버 보안Cybersecurity은 매우 중요한 이슈입니다. 해킹, 데이터 유출, 바이러스, 랜섬웨어, 스팸 등 다양한 위협을 막는 데 인공지능이 큰 역할을 하고 있습니다.

많은 보안 업체는 인공지능을 활용해 악성 코드를 탐지합니다. 인공지능은 수많은 악성 코드 샘플을 학습해서 새로운 악성 코드를 신속하게 식별합니다. 네트워크상에서 발생하는 침입을 탐지하는 데에도 인공지능이 활용됩니다. 인공지능은 정상적인 네트워크 활동을 학습하고, 이를 바탕으로 비정상적인 활동을 감지해 경고를 보내지요.

하지만 인공지능을 활용하는 것은 보안 업체만이 아닙니다. 해커들 역시 생성형 인공지능을 이용합니다. 챗GPT의 '다크웹 버전'이라 불리는 '웜GPTWormGPT'는 오픈 소스 언어모델 'GPT-J'를 기반으로 만들어진 사이버 범죄 도구입니다. 웜GPT는 해킹과 악성코드 관련 데이터를 대량 학습해 피싱 이메일과 문구를 제작하는 데 특화되어 있습니다. 공격자가 원하는 조건을 입력하면, 인공지능이 악성코드를 자동으로 만들어 냅니다.

생성형 인공지능을 이용한 해킹은 국가 단위로도 벌어지고 있습니다. 마이크로소프트에 따르면 북한, 중국, 러시아, 이란 해커들이 챗GPT를 활용해 해킹 활동을 고도화하고 있다고 합니다. 미연방수사국FBI 또한 중국이 해킹 작전을 개선하는 데

사이버 세상에서 해커와 보안 업체 모두 인공지능을 사용해 격전을 벌이고 있습니다.

인공지능을 활용하고 있다고 보고 있습니다.

인공지능을 활용한 사이버 공격에 대응하기 위해 인공지능이 활용되고 있습니다. 첨단 인공지능 기술을 활용해 여러 공격에 대한 탐지와 분석을 자동화하는 것인데요. 국내 보안업체인 이글루코퍼레이션은 보안에 특화된 인공지능 언어 모델을 개발 중입니다.

사이버 세상은 해커와 보안 업체가 창과 방패처럼 격전을 벌이고 있으며, 이들은 모두 인공지능을 활용하고 있습니다. 인공지능이 긍정적인 방향으로 활용될 수 있도록 개발과 사용에 대한 명확한 규제를 마련하고, 기업들은 윤리적 기준을 준수해야 합니다. 또한 인공지능 기술이 악용되지 않도록 공공과 민간 부문의 협력하에 지속적인 모니터링이 필요합니다.

로봇

인간을 배닮은 휴머노이드 로봇의 등장이
머지않았다고?

인공지능 기술의 발전은 로봇 공학에도 큰 변화를 불러오고 있습니다. 인공지능을 활용한 로봇은 다양한 산업에서 효율성을 높이고 있는데요. ABB나 화낙Fanuc과 같은 제조업체는 정밀 작업에 인공지능이 탑재된 산업용 로봇을 활용합니다. 의료 분야에서도 시술이나 수술을 행하는 로봇에 인공지능 기술이 적용되고 있지요.

산업용 분야에서 적극 활용되던 로봇은 최근 서비스 시장으로 진출하고 있습니다. 최근 들어 식당에서 서빙을 하거나 카페에서 커피를 만들어주는 로봇을 종종 볼 수 있는데요. 서비스 로봇은 인공지능을 활용해 감정 인식을 하며, 사람들과 상호작용까지 하는 로봇입니다. 상점, 병원, 공항 등 다양한 장소에서 고객 서비스와 안내 역할을 수행하죠. 이 외에도 배달, 서빙, 물류 지원 등 여러 분야에서 서비스 로봇이 활약하고 있습니다.

우리는 여전히 인공지능이 탑재된 로봇이라고 하면 휴머노이드 로봇, 영화 〈터미네이터〉에 나오는 로봇을 떠올립니다. 하지만 인간과 유사한 외형을 가지고, 유사한 사고를 하며, 유사한 동작을 수행하는 로봇을 만드는 것은 쉽지 않습니다. 최근 인공지능 기술이 발전하며 인간과 비슷하게 사고하는 것까지는 어느 정도 가능하지만, 사람의 물리적 행동을 그대로 따라 할 수 있는 로봇을 만드는 것은 로봇공학적으로 아직 쉽지 않은 상황입니다.

그런데 최근 공개된 인공지능 로봇은 기존의 한계를 극복하려는 시도를 하고 있

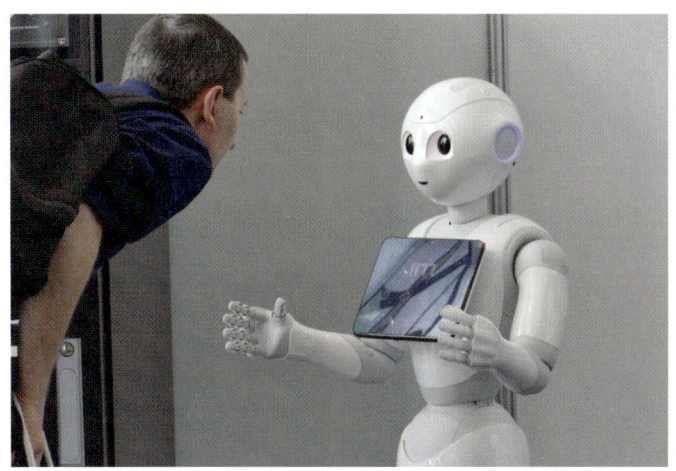

소프트뱅크의 서비스 로봇 페퍼

습니다. 2024년 3월 인공지능 로봇 스타트업 피규어Figure는 오픈AI와 협력해 만든 휴머노이드 로봇 '피규어 01'의 구동 영상을 공개했습니다. 이 영상에서 피규어 로봇은 사람의 질문과 요청을 정확히 이해하고 스스로 움직이는 모습을 보여줍니다. 또한 주변 환경을 파악한 후, 제대로 된 판단을 통해 사람이 필요로 하는 물건을 전달하기도 합니다. 피규어 로봇을 지켜본 사람들은 터미네이터의 조상이 등장한 것만 같다며 매우 놀라기도 했지요. 테슬라가 개발 중인 휴머노이드 로봇 '옵티머스' 역시 가정과 산업 현장 모두에서 인간처럼 일하도록 설계된 인공지능 기반 로봇입니다.

인공지능 기술과 함께 로봇공학 기술도 함께 발전하며 우리가 머릿속으로 상상만 했던 로봇이 점점 현실화되고 있습니다. 이들 로봇은 가정에서는 우리의 비서 역할을 톡톡히 할 것이며, 서비스 분야에서는 사람의 역할을 보완할 것입니다. 우리의 일상 생활과 산업에 큰 변화가 나타날 시점이 머지않은 것 같습니다. 인간과 로봇이 공존하는 미래 사회에서 발생할 다양할 사회 문제에 대한 논의가 시작되어야 할 시점입니다.

인공지능은 스포츠의 미래를 어떻게 바꿔 놓을까?
_스포츠 AI

스포츠 세계에서 감독의 역할은 매우 중요합니다. 감독의 전술이 팀의 승패를 좌우하며, 이는 특히 축구에서 두드러지는데요. 가장 대표적인 사례가 잉글랜드 프리미어리그에서 펩 과르디올라Pep Guardiola(1971~) 감독이 이끄는 맨체스터 시티의 우승 행진입니다. 펩의 전술 혁신, '티키타카'와 '포지션 플레이'는 현대 축구의 패러다임을 바꾸었습니다. 그러나 축구 전술은 변화무쌍하지요. 펩의 티키타카에 맞서 리버풀의 감독 위르겐 클롭Jurgen N. Klop(1967~)은 '게겐프레싱'을 들고 나왔습니다. 두 감독의 전술 대결은 축구 팬들에게 큰 즐거움을 주었는데요. 이들은 서로를 이기기 위해 계속해서 새로운 전술을 개발하며 현대 축구의 흐름을 바꾸어 놓고 있습니다. 그런데 이제 이 전술 싸움에 인공지능이 끼어들기 시작했습니다.

구글 딥마인드는 리버풀과 협력해 개발한 '택틱AITactic AI'는 코너킥 상황에서 최적의 전술을 제안합니다. 딥마인드는 리버풀의 7,167개 코너킥 데이터를 기하학적 딥러닝으로 학습해 누가 공을 받고 슛을 시도할지를 예측하고 이를 바탕으로 선수를 배치하는 전략을 제공하고 있습니다. 실제로 리버풀의 전술 전문가들은 기존의 전술보다 택틱AI의 전술을 90퍼센트 더 선호했는데, 이는 인공지능의 전술적 통찰력이 어느 정도 입증되었음을 보여 줍니다.

축구뿐만 아니라, 체조에서도 인공지능의 도입이 이루어지고 있습니다. 2004년 아테네 올림픽에서 대한민국의 양태영 선수는 오심으로 금메달을 놓쳤지요. 이후에도 크고 작은 오심 논란이 계속되었고, 이는

인공지능의 도입으로 스포츠는 더욱 공정해지고 정확해질 것입니다.

체조 팬들에게 큰 실망을 안겨 주었습니다. 이러한 문제를 해결하기 위해 체조계는 2023년 세계선수권대회부터 인공지능 심판 시스템Judging Support System, JSS을 도입했습니다. JSS는 올림픽에서도 활용됨으로써 2024년 파리 올림픽은 인공지능을 적극적으로 활용한 올림픽으로 기록되었습니다.

JSS는 선수들의 연기 영상을 분석해 공정한 채점을 제공합니다. 이 시스템은 심판의 주관적 판단을 배제하고 투명한 점수 산정을 가능하게 하지요. 그러나 여전히 인공지능 심판에 대한 회의적인 시각도 존재합니다. 인공지능이 예술성을 평가할 수 있을지에 대한 의문이 제기되고 있지요.

인공지능의 도입으로 스포츠는 더욱 공정해지고 정확해질 것입니다. 하지만 여전히 인간의 감성과 판단 또한 중요한 역할을 할 것입니다. 인공지능이 제안하는 전술과 분석을 바탕으로 인간 감독과 심판이 더 나은 결정을 내리는 시대가 올 것인데요. 축구에서 펩과 클롭이 새로운 전술을 개발하며 더 앞으로 나아가게 하는 것처럼 인공지능과 인간이 협력해 스포츠의 새로운 문을 열게 될 미래를 그려봅니다.

인공지능이 쓴 글이 문학상을 받았다고?
_예술 창작과 AI

2024년 1월, 일본의 권위 있는 문학상 중 하나인 아쿠타가와상을 수상한 작가 쿠단 리에Kudan Rie는 수상 소감을 발표하며 자신의 작품 『도쿄 동정 타워』에 챗GPT를 활용했다고 밝혀 논란이 일었습니다. 소설 속 대화 장면 중 약 5퍼센트에 AI가 만든 문장을 그대로 인용했다는 것인데요. 여기에 더해 쿠단은 창의적 활동을 위해 평소 인공지능을 활용하고 있으며, 개인적인 문제를 챗GPT와 이야기하며 교감을 나누기도 한다고 덧붙였습니다.

문학계는 바로 논란에 휩싸였습니다. 생성형 인공지능의 등장 이후 많은 창작자들은 기술이 생계를 위협하고 있다고 느끼고 있습니다. 이런 와중에 인공지능을 '직접' 활용한 작품이 문학상을 받았으니 논란은 커질 수밖에 없었죠. 소셜 미디어에는 쿠단에 대한 비난이 쏟아졌습니다. 그녀의 작품이 도덕적으로 의심스러우며 상을 받을 자격이 없다고 주장하는 글이 넘쳐났습니다. 한 소셜 미디어 유저는 기술 도움 없이 글을 쓴 다른 작가에게 '무례하다'는 비난까지 했습니다.

반면, 아쿠타가와상 시상위원회는 쿠단의 작품에 문제가 없다는 입장을 고수했습니다. 작가이자 시상위원인 히라노 게이치로는 "쿠단 리에의 작품이 생성형 인공지능을 사용해 쓰였다는 오해가 있다. 하지만 당신이 그 작품을 읽는다면, 생성형 인

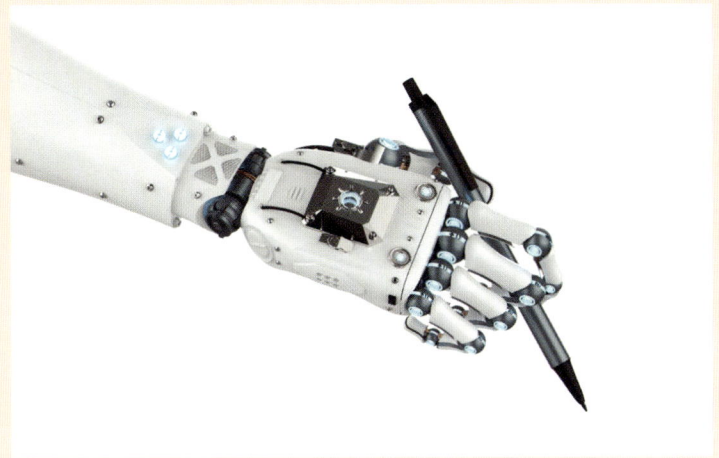
인공지능이 창의적인 글쓰기를 할 수 있을까?

공지능이 작품에서 언급되었다는 것을 알게 될 것"이라고 말했습니다.

그렇습니다. 사실, 쿠단 리에가 챗GPT를 활용한 부분은 극 중 등장인물인 생성형 인공지능의 대사였습니다. 소설의 다른 부분은 작가의 손에서 나온 것이었지요. 소설의 주인공 중 하나인 생성형 인공지능의 대사만 챗GPT로부터 직접 가져와 소설에 녹여낸 것은 특정 직업군을 가진 인물을 소설에 등장시키기 위해 관련 종사자들과 인터뷰한 내용을 소설에 반영한 것과 유사합니다. 그렇다면 과연 쿠단 리에가 챗GPT를 활용한 것은 어떻게 평가할 수 있을까요?

쿠단 리에가 불러일으킨 사건은 팩트 체크 없이 언론에서 자극적으로 다뤄 더 큰 논란으로 번진 경우입니다. 그러나 실제로 알게 모르게 챗GPT와 같은 인공지능을 활용하는 작가들은 늘어날 수밖에 없습니다. 아직은 인간 고유의 영역으로 남아 있으나 이른 시일 내에 AI가 쓴 글을 읽고 우리가 눈물을 흘리는 날이 올지도 모르겠습니다.

6장

인공지능 기술 및 도구

- ☑ 파이썬
- ☐ 오픈소스
- ☐ 인공지능 라이브러리
- ☐ GPU
- ☐ 대형 언어 모델
- ☐ 초거대 AI
- ☐ 클라우드

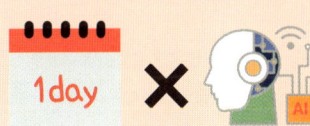

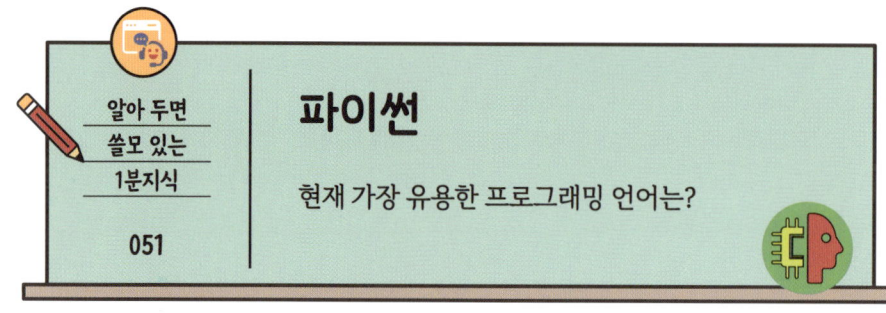

파이썬

현재 가장 유용한 프로그래밍 언어는?

사람들로부터 많이 받는 질문 중 하나가 '인공지능을 공부하려고 하는데, 무엇부터 시작하면 될까요?'입니다. 그럴 때 저는 파이썬Python을 먼저 공부해 보라고 이야기합니다. 파이썬 공부가 재미있으면 그 흥미를 인공지능 분야로 확장할 수 있거든요. 그렇다면 파이썬은 과연 무엇일까요?

파이썬은 컴퓨터 프로그래밍 언어 중 하나로, 현존하는 프로그래밍 언어 중 사람들이 가장 많이 사용하는 언어입니다. 프로그래밍 언어는 컴퓨터에 특정 작업을 수행하도록 지시하는 언어인데요. 유명한 프로그래밍 언어로는 C, C++, 자바, 자바스크립트 등이 있습니다. 이 중 파이썬이 가장 인기 많은 이유는 무엇일까요?

우선, 파이썬은 간단한 문법 체계를 갖추고 있습니다. 기존의 언어들이 난해한 문법을 가지고 있었던 것과 가장 대비되는 특징입니다. 또한 파이썬은 다양한 분야에 적용하기 쉽습니다. 실제로 웹 개발, 게임 개발, 복잡한 실험식 계산 등에 활용되지요. 그리고 무엇보다 가장 널리 활용되는 분야가 바로 인공지능 분야입니다.

파이썬은 인공지능을 구현하는 데 아주 유용한 도구입니다. 인공지능 알고리즘을 구현할 때는 복잡한 수학적 연산이 필요합니다. 앞서 살펴본 머신러닝과 딥러닝 알고리즘은 확률, 벡터, 미적분 등 복잡한 수학식을 포함하고 있는데요. 파이썬은 이 복잡한 작업을 간단한 코드로 표현할 수 있게 도와줍니다.

또한, 강력한 라이브러리를 제공합니다. 파이썬에서 말하는 라이브러리는 미리

파이썬은 인공지능을 구현하는 데 매우 중요한 역할을 하며, 간단하면서도 강력해 초보자도 쉽게 익힐 수 있습니다.

만들어진 요리 레시피와 같습니다. 어려운 요리를 처음부터 끝까지 직접 만드는 것보다 레시피를 따라가면 훨씬 쉽겠죠? 라이브러리도 마찬가지로, 복잡한 인공지능 코드를 직접 작성할 필요 없이 미리 만들어진 코드 조각들을 가져와서 사용하면 됩니다. 실제로 인공지능을 구현할 때도 이미 만들어진 라이브러리를 먼저 호출한 후 코딩을 시작합니다.

　파이썬은 그 간단함과 강력함 덕분에 초보자도 쉽게 접근할 수 있습니다. 물론 쉽다고 해서 얕보면 안 됩니다. 파이썬은 인공지능과 같은 첨단 기술을 구현하는 데 매우 중요한 역할을 하니까요.

　인공지능에 관심이 있다면, 여러분도 파이썬부터 공부해 보는 것은 어떨까요? 코딩과 인공지능으로의 멋진 여행을 시작할 수 있습니다.

오픈소스

소프트웨어 소스 코드를
누구나 사용할 수 있다고?

인공지능 분야에서 오픈소스Open source는 매우 중요한 역할을 합니다. 오픈소스에 대해 알아보기 전에 오픈소스가 등장한 배경부터 살펴보겠습니다. 1980년대 초, 리처드 스톨먼Richard Stallman(1953~)은 소프트웨어의 자유로운 사용과 배포를 주장하며 자유 소프트웨어 운동을 시작합니다. 그는 소프트웨어가 특정 기업이나 단체에 종속되지 않고, 사용자 제한 없이 사용되고, 수정되고, 공유될 수 있어야 한다고 생각했습니다.

이후, 리눅스Linux가 개발되며 오픈소스 개념이 더욱 확산되었습니다. 리눅스는 윈도우Windows와 같은 운영체제인데요. 윈도우가 비교적 비싼 비용인 반면, 리눅스는 누구나 무료로 사용할 수 있는 운영체제로 지금까지도 널리 사용되고 있습니다. 1998년에는 오픈소스 이니셔티브OSI가 설립되었고, '오픈소스'라는 용어가 공식적으로 사용되기 시작했습니다.

오픈소스는 소프트웨어의 소스 코드를 공개해 누구나 사용할 수 있으며, 수정과 배포도 자유롭습니다. 이를 통해 많은 사람이 협력해 더 나은 프로그램을 만들 수 있습니다. 또한 소스 코드가 공개되어 있으므로 특정 기능이 어떻게 동작하는지 누구나 알 수 있습니다. 그리고 제일 중요한 것은 누구에게나 무료라는 점이지요.

오픈소스는 인공지능과도 매우 밀접한 관계를 맺습니다. 인공지능을 개발하는 것은 매우 복잡한 작업인데, 많은 개발자가 협력해 만들어진 많은 부분들이 이미 오

오픈소스 라이브러리를 활용하면 더 많은 사람이 다양한 프로그램을 만들 수 있습니다.

픈소스로 공개되어 있습니다. 이렇게 만들어진 오픈소스 라이브러리를 사용하면, 우리는 이미 만들어진 강력한 도구들로 더 새롭고, 더 발전한 인공지능 프로그램을 쉽게 만들 수 있습니다. 어찌 보면 이어 달리기 같기도 합니다.

이제 왜 오픈소스가 인공지능 분야에서 중요한 역할을 하는지 알 수 있겠죠? 그럼 공개되어 있는 인공지능 관련 오픈소스 라이브러리 중 유명한 것들을 다음 장에서 하나씩 살펴봅시다.

인공지능 라이브러리

인공지능 세계에도 도서관이 있다?

앞서 인공지능을 배우기 위해 가장 먼저 배워야 할 것 중 하나가 프로그래밍 언어인 파이썬이라고 이야기했는데요. 파이썬에 익숙해지면 그 다음 익혀야 할 도구가 바로 인공지능 라이브러리AI library입니다. 이 라이브러리들은 복잡한 인공지능 모델을 쉽게 구현할 수 있게 합니다. 필요한 라이브러리를 불러와서 미리 구현된 인공지능 관련 코드들을 바로 사용할 수 있습니다.

머신러닝 분야에서 가장 유명한 라이브러리는 사이킷런scikit-learn입니다. 사이킷런은 데이터 분석과 모델링에 필요한 모든 도구를 한곳에 모아 놓은 만능 상자와 같습니다. 머신러닝을 구현한다고 하면 100명 중 99명은 사이킷런을 활용할 정도로 인기가 높은 라이브러리입니다.

딥러닝 분야에서 많이 활용하는 라이브러리로는 텐서플로우TensorFlow가 있습니다. 구글에서 만든 라이브러리인 텐서플로우는 복잡한 딥러닝 모델을 만드는 데 특화되어 있습니다. 케라스Keras라는 딥러닝 라이브러리는 텐서플로우 위에서 동작합니다. 텐서플로우가 딥러닝 모델의 기초를 만드는 엔진이라고 한다면, 케라스는 그 엔진을 쉽게 사용할 수 있게 도와주는 인터페이스라고 생각하면 이해하기 좋을 겁니다. 이들 외에 많이 활용하는 딥러닝 알고리즘으로는 페이스북에서 제작한 파이토치PyTorch도 있습니다. 파이토치는 사용하기 쉽고 직관적인 인터페이스 덕분에 많은 개발자들이 사용하고 있습니다.

인공지능 라이브러리를 활용하면 미리 구현되어 있는 인공지능 관련 코드를 바로 사용할 수 있습니다.

이들 라이브러리를 활용하는 법을 알아봅시다. 먼저 사용할 라이브러리를, 파이썬을 통해 불러오는데요. 예를 들어, 고양이와 강아지 사진을 구별하는 인공지능을 만든다고 해봅시다. 사이킷런을 사용하면 머신러닝을 통해 학습과 분류 작업을 진행할 수 있습니다. 케라스를 이용하면, 복잡한 딥러닝 모델을 단순하고 직관적으로 설계할 수 있죠. 이 작업에 필요한 코드는 몇 줄 되지 않습니다. 물론 데이터 전처리나 성능을 높이기 위한 조정을 하면 필요한 코드가 많아지지만, 기초적인 사진 분류 작업만을 위한 코드를 짠다면, 단 몇 줄만으로도 목표를 달성할 수 있습니다.

오늘날 인공지능 개발이 대중화된 이유에는 이러한 라이브러리들의 도움이 있었습니다. 이 도구들만 잘 활용한다면 누구나 쉽게 인공지능 세계에 발을 들여놓을 수 있습니다. 그러니 걱정하지 마시고 인공지능의 개발이라는 문을 두드리세요. 새로운 미래가 여러분을 기다리고 있을 겁니다.

GPU

반도체가 핵심 산업으로 떠오른 이유는?

최근 뉴스에서는 인공지능 시대를 맞아 반도체 전쟁이 한창이라는 기사를 쉽게 볼 수 있습니다. 지금까지 우리는 인공지능과 관련된 소프트웨어 이야기를 주로 했는데요. 인공지능 시대가 시작된 주요인으로는 딥러닝 같은 알고리즘의 발전도 있지만, GPUGraphics Processing Unit로 대표되는 하드웨어의 발전도 빼놓을 수 없습니다.

GPU는 컴퓨터 그래픽을 처리하는 반도체입니다. 컴퓨터로 고사양 게임을 해본 사람이라면 GPU의 중요성을 체감할 텐데요. 사실 GPU는 인공지능을 구현할 때도 매우 중요한 역할을 합니다. 인공지능, 특히 딥러닝 모델을 훈련하는 데는 아주 많은 연산이 필요합니다. 따라서 딥러닝을 상용화하기 위해서는 이 많은 연산을 동시에 처리할 수 있는 하드웨어가 뒷받침되어야 합니다.

초기 딥러닝 모델이 나왔을 때만 해도, 연산을 중앙처리장치인 CPUCentral Processing Unit에서 처리하고자 했습니다. 하지만 CPU는 여러 작업을 동시에 처리하는 것까지는 가능했으나 수천 개의 연산을 병렬로 빠르게 처리하는 데는 한계가 있었습니다. 그래서 딥러닝 알고리즘이 논문으로 발표되고, 대학이나 연구소에서 구현도 되었지만, 상용화에 이르기는 쉽지 않았지요.

그때 영웅으로 등장한 것이 GPU입니다. GPU는 본래 그래픽 작업을 위해 설계되었습니다. 그래픽 작업을 위해서는 많은 수의 작은 연산이 동시에 수행되어야 합니다. GPU는 이러한 특성을 만족시키기 위해 만들어졌는데요. 딥러닝 역시 수많은

GPU는 수많은 계산을 동시에 처리해야 하는 딥러닝에 최적화된 하드웨어입니다.

계산을 동시에 처리해야 한다는 요구사항이 있었습니다. 즉, GPU가 딥러닝 연산을 처리하는 데에도 최적화되어 있다는 것이지요.

GPU 기술이 발전하며 딥러닝은 빠르게 상용화됩니다. GPU 기술에 가장 앞서 있는 회사는 엔비디아NVIDIA입니다. 이 회사의 그래픽카드는 뛰어난 성능으로 인공지능 개발자와 회사들 사이에서 매우 인기가 많습니다. 특히, 엔비디아는 인공지능 작업에 최적화된 GPU와 소프트웨어 도구를 제공해 복잡한 인공지능 모델을 더 빠르고 효율적으로 훈련시킬 수 있게 돕습니다.

우리가 알고 있는 구글, 오픈AI, 메타 같은 빅테크 기업은 자사의 인공지능 모델을 훈련시키기 위한 데이터센터를 구축할 때 적어도 수천 개의 GPU를 사용합니다. 페이스북을 운영하는 메타는 각 데이터센터에 엔비디아의 GPU 수만 개를 사용한다고 알려져 있죠. 다른 기업들 역시 정확한 GPU 사용 수는 공개되지 않았지만, 수천에서 수만 개의 GPU를 사용하는 것으로 추정하고 있습니다. 이처럼 인공지능의 대중화와 반도체는 떼려야 뗄 수 없는 관계입니다. 사람들이 왜 그렇게 반도체에 많은 관심을 쏟는지 이제는 알 것 같지요?

대형 언어 모델

우리는 어떻게 인공지능과
대화할 수 있을까?

순서대로 이 책을 읽은 분들이라면 중간중간 언급된 대형 언어 모델Large Language Model, 줄여서 LLM이 무엇인지 궁금했을 겁니다. 이 장에서는 컴퓨터가 인간처럼 글을 읽고, 이해하고, 생성할 수 있도록 도와주는 인공지능 기술인 대형 언어 모델에 대해 알아보고자 합니다.

오늘날 정보의 양은 폭발적으로 증가하고 있습니다. 그만큼 사람들은 필요한 정보를 빠르게 찾고 이해하는 데 어려움을 겪고 있지요. 이러한 문제를 해결하기 위해 인공지능이 사람 대신 텍스트를 분석하고 요약해 주는 기술이 필요하게 되었습니다. 대형 언어 모델은 이런 문제를 해결하기 위해 개발되었습니다. 이 모델은 엄청나게 많은 텍스트 데이터를 학습해 분석하고 요약해 줍니다. 그뿐만 아니라 다양한 주제에 대해 자연스럽고 유창하게 대화하는 능력까지 갖추고 있지요.

대형 언어 모델은 앞서 살펴본 트랜스포머와 같은 딥러닝 기술을 활용합니다. 이를 활용한 대형 언어 모델은 지구상에 존재하는, 아니 온라인상에 존재하는 수많은 텍스트 데이터를 학습해서 패턴을 인식하고, 단어와 문장 간의 관계를 이해하게 됩니다. 이렇게 학습된 모델은 주어진 문맥에 맞춰 다음에 올 단어가 무엇인지 예측할 수 있으며, 이는 문장의 생성까지 이어지게 됩니다.

대형 언어 모델은 언어를 활용하는 수많은 인공지능 기술의 기반 모델입니다. 우리가 건물을 짓기 위해서는 지하 깊이 땅을 파고 기반 공사를 하죠. 대형 언어 모델

엄청나게 많은 텍스트를 학습한 대형 언어 모델은 인공지능 프로그램 동작을 위한 기초입니다.

도 이처럼 기반 공사를 해서 기초를 다지는 것이라 생각하면 이해가 쉽습니다. 이렇게 대형 언어 모델이 갖춰지면, 이를 이용한 인공지능 프로그램들이 나오게 됩니다. 챗봇, 번역기, 맞춤법 교정기, 자연어 인식 등 수많은 기술이 대형 언어 모델 위에서 동작하고 있습니다. 우리가 여러 번 언급한 챗GPT 역시 GPT라고 하는 대형 언어 모델을 기반으로 만들어진 프로그램이지요.

대형 언어 모델의 대표적인 사례는 오픈AI의 GPT, 구글의 제미나이Gemini, 메타의 라마LLaMA가 있습니다. 이들 모델은 대형 언어 모델을 구축했다는 공통점이 있지만, 각기 다른 방식으로 발전하고 있으며, 서로 간의 장단점을 가지고 있습니다.

오늘날 많은 빅테크 기업들은 대형 언어 모델에 많은 투자를 하고 있습니다. 앞으로 더욱 발전해 우리의 삶을 변화시키리라는 것을 쉽게 예측할 수 있죠. 더 똑똑하고, 더 인간적인 대화를 나누는 인공지능이 등장할 것이며, 다양한 분야에서 혁신이 일어날 것입니다.

초거대 AI

모든 형태의 데이터를 학습한
만능 인공지능의 시대가 온다?

초거대 AIHyperscale AI는 대형 언어 모델보다 한 단계 더 진화한 개념입니다. 초거대 AI의 원리 역시 대형 언어 모델과 비슷하지만, 훨씬 더 많은 데이터와 복잡한 알고리즘을 사용해 학습을 진행합니다. 이에 따라 더 뛰어난 성능을 발휘하며, 다양한 응용 분야에서 광범위하게 활용되지요. 초거대 AI와 대형 언어 모델은 어떠한 수식어를 붙여도 가늠조차 불가능할 대규모 데이터를 기반으로 한다는 점에서는 동일하기에 이 둘을 혼용해서 부르기도 합니다. 그렇다면 이 둘의 차이는 무엇일까요?

초거대 AI와 대형 언어 모델의 가장 큰 차이는 학습하는 데이터의 규모입니다. 정확히 둘을 구분하는 기준이 정해져 있지 않지만, 일반적으로 초거대 AI가 학습하는 데이터의 양이 더 많다고 이야기합니다. 하지만 데이터의 양만 차이가 났다면 이 둘을 구분해서 부르지는 않았을 겁니다. 더 본질적인 차이는 데이터의 종류입니다.

대형 언어 모델은 대량의 텍스트 데이터를 학습하는 데 집중합니다. 반면에 초거대 AI는 멀티모달multi-modal 데이터를 학습하는데요. 멀티모달이란 '여러 가지 방식이나 양식'을 의미하는 것으로, 인공지능에서 멀티모달은 다양한 형태의 데이터를 동시에 처리하는 능력을 말합니다. 즉, 초거대 AI가 멀티모달 데이터를 다룬다는 것은 텍스트뿐만 아니라 이미지, 음성, 비디오 등 여러 가지 형태의 데이터를 통합해 이해하고 생성함을 의미합니다. 예를 들어 초거대 AI 기반 인공지능에 이미지를 보여주면, 인공지능은 이미지를 분석하고, 그 이미지를 설명하는 텍스트를 생성하는

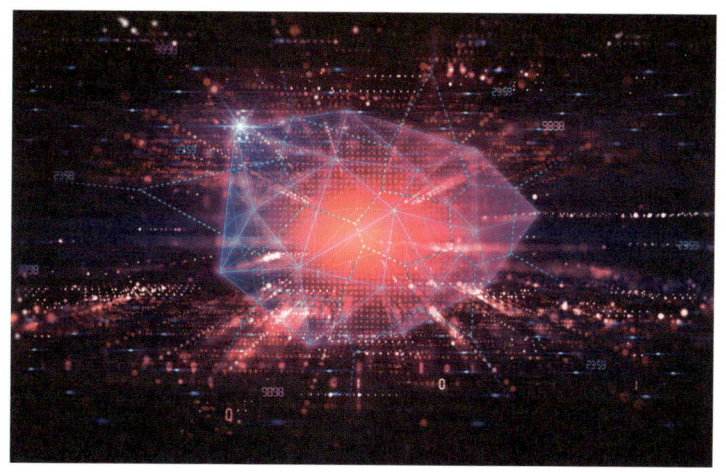

초거대 AI는 텍스트뿐 아니라 이미지, 음성, 비디오 등 여러 가지 형태의 데이터를 통합해 이해하고 생성합니다.

식이지요.

　가장 대표적인 사례는 2024년 5월, 오픈AI가 발표한 'GPT-4o'입니다. 텍스트 채팅만 가능했던 챗GPT를 업그레이드해 음성, 이미지, 영상 등 다양한 데이터를 다룰 수 있게 되었지요. 이어 2025년 8월 출시된 'GPT-5'는 멀티모달 기능과 함께 추론 기능까지 대폭 강화했습니다. 이처럼 초거대 AI는 새로운 개념이 갑자기 나타난 것이 아니라 기존의 대형 언어 모델이 진화한 것이라 볼 수 있습니다. GPT 외에도 구글의 '제미나이', 메타의 '라마' 등도 초거대 AI의 예입니다. 대형 언어 모델에서 진화한 이들은 다양한 데이터 형태를 이해하고 생성하면서 강력한 성능을 보입니다.

　초거대 AI는 앞으로 나올 인공지능의 기본 모델이 될 가능성이 높습니다. 이 기술은 다양한 전문 분야에서 혁신을 일으킬 전망입니다. 또한 소통 방식 역시 사람과 차이가 없어질 것으로 보입니다. 이제 영화에서만 보던 만능 인공지능의 시대가 머지않은 것 같습니다.

클라우드

스마트폰에서 파일이 지워졌을 때
다시 찾을 수 있는 방법은?

오늘날 클라우드Cloud는 IT 인프라의 핵심이라고 해도 과언이 아닙니다. 여러분은 스마트폰의 데이터를 백업하면서 이 용어를 들어봤을 겁니다. 쉽게 말해 클라우드는 거대한 온라인 저장 공간이라 생각할 수 있습니다. 네이버, 카카오 같은 포털이나 애플, 삼성, 구글 등 스마트폰과 관련된 기업들은 클라우드를 제공하고, 우리는 이곳에 사진이나 동영상, 중요 파일 등을 저장합니다. 사진을 찍으면 자동으로 클라우드에 저장되고, 그 사진은 인터넷에 연결된 장치만 있다면 어디서나 꺼내 볼 수 있죠.

인공지능 역시 클라우드를 적극 활용합니다. 인공지능은 학습을 위해 엄청난 양의 데이터가 필요하죠. 클라우드는 이러한 데이터를 안전하게 저장할 수 있는 무한한 공간을 제공합니다. 인공지능 분야에서 클라우드는 저장 공간 제공뿐만 아니라 컴퓨팅 파워도 제공해 줍니다. 인공지능이 복잡한 계산을 수행하려면 많은 컴퓨팅 자원이 필요합니다. 앞서 살펴본 GPU 같은 것이 대표적이죠. 클라우드는 이러한 자원을 언제든지 빌려 쓸 수 있게 해줍니다. 마치 전기를 사용하고 사용료를 내는 것처럼 말이죠.

클라우드 컴퓨팅 분야의 선두 주자는 아마존에서 운영하는 아마존 웹 서비스AWS입니다. AWS의 다양한 클라우드 서비스는 인공지능 모델을 훈련하고 배포하는 데 사용됩니다. 대표적인 사례가 넷플릭스입니다. 넷플릭스는 AWS를 사용해 스트리밍 서비스를 제공하는데요. 넷플릭스의 인공지능 알고리즘은 AWS의 컴퓨팅 자

거대한 데이터를 저장할 수 있는 온라인 인프라 클라우드

원을 이용해 사용자 데이터를 분석하고, 개인 맞춤형 콘텐츠를 추천합니다. 마이크로소프트와 구글 역시 인공지능 및 데이터 분석을 위한 클라우드 서비스를 제공하고 있습니다.

클라우드를 사용하는 인공지능의 실제 사례는 우리 주변에서도 쉽게 볼 수 있습니다. 우리가 사용하는 음성 비서인 삼성의 빅스비나 애플의 시리 같은 서비스가 클라우드를 통해 작동합니다. 사진 앱에서 얼굴을 인식하거나, 특정 물체를 찾아주는 기능도 클라우드를 활용한 인공지능 덕분이죠. 사진이 클라우드로 전송되면, 인공지능은 이를 분석해 결과를 다시 전송합니다.

클라우드의 개념과 활용 사례를 살펴보니 왜 이름이 클라우드인지 아시겠죠? 구름과 같이 우리 주변에서 필요한 도움을 제공하는 클라우드. 인공지능이 더 똑똑하게, 더 빠르게, 더 효율적으로 작동할 수 있게 해주는 클라우드가 있어 오늘날 인공지능 혁신이 가능했습니다.

생성형 인공지능이
코딩 언어의 패러다임을 바꿔 놓았다고?
_코딩 언어

전 세계에는 7,000개 이상의 언어가 있지만, 이 중 가장 많이 통용되는 언어가 무엇인지 물으면 누구나 영어라고 답할 것입니다. 외국에 갔을 때 현지 언어 대신 영어를 사용해도 어느 정도는 소통이 가능하지요.

컴퓨터 프로그래밍 세상에도 소통을 위한 언어가 있습니다. 바로 프로그래밍 언어입니다. 개발자들에게 프로그래밍 언어는 그들의 일상 언어이며, 컴퓨터와 이야기를 하는 창구가 됩니다. 컴퓨터의 발전과 함께 프로그래밍 언어도 변화해 왔고, 인기 있는 언어 역시 계속 바뀌었습니다.

1990년대, 컴퓨터를 처음 배우는 사람은 C언어를 가장 많이 배웠습니다. 1970년대 본격적으로 등장한 C언어는 프로그래밍의 기초를 다지는 데 중요한 역할을 했습니다. 시스템 프로그래밍에 적합했으며, 하드웨어 제어가 가능했고, 무엇보다 기존 언어들 대비 효율적이었습니다. 하지만 여전히 문법의 난이도가 높아 초보자가 배우기에는 꽤 장벽이 있는 언어였지요. 이후 대세로 자리 잡은 언어는 자바Java입니다. 객체지향 프로그래밍Object-Oriented Programming을 강조하는 자바는 안정성과 확장성을 기반으로 C언어를 제치고 대세의 자리에 등극합니다.

최근에는 앞서 다룬 바 있는 파이썬이 대세입니다. 직관적이고 배우기 쉬운 파이썬은 처음 프로그래밍을 배우는 사람에게 적합합니다. 그렇다고 파이썬이 단순 학습용 언어에만 머무는 것은 아닙니다. 인공지능과 데이터 분석 등 실무에 널리 활용되는 파이썬은 2023년 가장 많이 활용

생성형 인공지능이 코딩을 도와줌으로써 영어는 더욱 중요해지고 있습니다.

된 프로그래밍 언어 조사에서 자바를 제치고 1위를 차지했습니다.

하지만 최근 변화의 조짐이 보이고 있습니다. 프로그래밍 코드를 관리하는 툴을 제공하는 회사인 깃랩GitLab의 이사 저스틴 패리스Justin Farris는 "2023년에 가장 인기 있는 프로그래밍 언어는 영어"라고 농담 아닌 농담을 했습니다. 챗GPT를 비롯한 생성형 인공지능이 등장함에 따라, 이제 이러한 인공지능의 도움 없이 코딩하는 개발자는 거의 없습니다. 개발자들이 코딩하기 위해 사용하는 깃랩에서는 코파일럿 서비스를 통해 언어로 명령하면 인공지능이 코딩을 해주는 기능을 제공하고 있습니다. 개발자가 '쌩코딩' 대신 '영어'로 코파일럿에 코딩을 지시할 수 있게 된 것이지요.

우리는 인공지능과 함께 일하는 시대를 맞이하고 있습니다. 프로그래밍 언어가 아닌 영어로 인공지능에 명령을 내리며, 코딩의 패러다임이 바뀌고 있습니다. 하지만 하나 변하지 않은 것은 '언어'로 컴퓨터와 소통해야 한다는 점입니다. 문해력과 의사소통능력이 인공지능 시대에도 중요한 이유지요.

7장
주요 인물과 조직

- ☑ 인공지능 4대 천왕
- ☐ 샘 알트만
- ☐ 일론 머스크
- ☐ 오픈AI
- ☐ 마이크로소프트
- ☐ 딥마인드
- ☐ 구글
- ☐ 애플
- ☐ 메타
- ☐ 엔비디아
- ☐ 아마존
- ☐ 삼성전자
- ☐ 네이버

인공지능 4대 천왕

인공지능 학계 최고 스타 4인방은?

인공지능 분야에도 4대 천왕이 있는 것 아시나요? 무협지도 아니고 인공지능 업계에 4대 천왕이라니 조금 낯설기도 한데요. 인공지능 분야에서 최고의 업적을 남긴 4명의 스타 학자를 우리는 4대 천왕이라고 부릅니다. 그 주인공은 바로 제프리 힌턴, 얀 르쿤, 요슈아 벤지오, 앤드류 응Andrew Ng(1976~)입니다. 일각에서는 힌턴, 르쿤, 벤지오를 따로 'AI의 대부들Godfathers of AI'이라고도 하는데 이들 3인이 2018년 컴퓨터 분야의 노벨상인 튜링상을 공동 수상했기 때문입니다.

제프리 힌턴은 앞서 인공지능의 역사를 살펴볼 때 자세히 알아본 인물입니다. 4대 천왕의 중심인물로 딥러닝 연구의 선구자라 해도 과언이 아니죠. 그의 연구는 나머지 세 사람의 학문적 뿌리가 되었습니다.

얀 르쿤은 제프리 힌턴의 제자로, 두 사람은 함께 이미지 처리 기술인 CNN을 개발합니다. 이미지 처리의 대가라 할 수 있죠. 그는 현재 뉴욕대 교수로 재직 중이며, 페이스북을 운영하는 메타에서 인공지능을 개발하고 있습니다. 르쿤은 스승인 힌턴이 인공지능의 위험을 경고하는 것과 달리, 인공지능이 인간을 대체할 수 없을 것이라 주장하는 대표적 석학입니다.

요슈아 벤지오 역시 힌턴의 영향을 받은 세계적 석학입니다. 그는 석사 과정 중이던 1985년, 힌턴의 논문을 읽고 인공지능 연구를 시작하는데요. 힌턴, 르쿤과 끊임없는 협업과 경쟁을 통해 현재의 딥러닝 알고리즘 체계를 확립했습니다. 많은 학

인공지능 분야의 4대 천왕(왼쪽부터 제프리 힌턴, 얀 르쿤, 요슈아 벤지오, 앤드류 응)

자가 포기했던 딥러닝의 난제들을 해결하며, 오늘날 인공지능 시대를 여는 데 큰 공헌을 했지요. 또한 그는 GAN을 창시한 인물이기도 합니다.

앤드류 응 역시 딥러닝 계에서 괄목할 만한 성과를 올린 학자 중 한 명입니다. 그는 스탠퍼드대 컴퓨터공학과 교수로 재직하며, 구글 브레인 프로젝트를 성공적으로 이끌었고, 바이두의 인공지능 개발을 주도하기도 했습니다.

이들 AI계의 4대 천왕은 단단한 학문적 관계를 맺으며 서로 협력과 경쟁을 하며 인공지능 발전을 이끌어 왔습니다. 이들이 만들어낸 인공지능이라는 토양 위에 많은 후배와 제자들이 싹을 틔우고 꽃을 피우고 있습니다.

샘 알트만

현재 가장 영향력 있는 오픈AI의 CEO

앞서 살펴본 인공지능 4대 천왕이 학계를 대표하는 인물이라면, 업계를 대표하는 인물로는 오픈AI의 CEO 샘 알트만Sam Altman(1985~)을 꼽을 수 있습니다. 인공지능 업체를 운영하는 CEO라고 하면 프로그래머나 컴퓨터 과학자일 것으로 생각하기 쉽지만, 그는 실리콘 밸리의 유명한 기업가이자 투자자입니다.

1985년 미국에서 태어난 그는 어릴 때부터 컴퓨터와 프로그래밍에 관심을 보였고, 코딩도 일찌감치 배웠습니다. 스탠퍼드 대학교에 진학했지만, 학업보다 창업에 관심을 보이며 학교를 자퇴한 그는 2005년 소셜 네트워크 서비스인 루프트Loopt를 창업합니다. 이 회사는 2012년에 금융회사 그린닷Green Dot에 4,340만 달러에 인수되지요.

이후 2014년, 알트만은 Y콤비네이터Y Combinator 대표에 오릅니다. Y 콤비네이터는 스타트업을 위해 비용을 투자하는 회사인데요. 대표에 오른 알트만은 에어비앤비Airbnb, 레딧Reddit, 핀터레스트Pinterest 등 여러 스타트업에 투자하며 막대한 수익을 올렸고, 2015년 포브스 선정 30세 미만 최고 투자자로도 선정됩니다.

샘 알트만은 인공지능의 잠재력에도 큰 관심을 보였습니다. 2015년, 그는 일론 머스크Elon Musk(1971~), 그렉 브록만Greg Brockman(1987~) 등과 함께 오픈AI를 공동 창업합니다. 오픈AI는 인공지능을 인류 전체 이익을 위해 발전시키겠다는 목표를 가지고 설립된 비영리 연구소였습니다. 일론 머스크가 갈등으로 떠난 이후, 오픈AI를

오픈AI의 CEO 샘 알트만

주도적으로 이끈 알트만은 2019년 오픈AI에 전념하기 위해 Y 콤비네이터에서 손을 뗐습니다. 그의 리더십 아래에 오픈AI는 GPT와 같은 혁신적인 인공지능 모델을 개발합니다. 그리고 2022년 11월, 역사에 길이 남을 챗GPT를 발표하기에 이르죠.

알트만의 본업은 오픈AI의 CEO지만, 여전히 스타트업에도 투자하고 있습니다. 클린 에너지, 웨어러블 컴퓨터, 바이오 기업 등에 거액을 투자하며 인공지능뿐만 아니라 다른 혁신적인 분야의 발전도 이끌고 있죠. 그의 목표는 기술이 인류의 삶을 나아지게 하는 것입니다. 인공지능 역시 기술의 일종으로 사람들에게 이로운 방식으로 사용될 수 있도록 노력하고 있죠. 인공지능 업계의 선두에 서서 미래를 이끌어가는 그의 행보가 계속 궁금해지는 이유입니다.

일론 머스크

논란을 몰고 다니는
이 시대 가장 혁신적인 기업가

1971년 남아프리카 공화국에서 태어난 미국의 기업인 일론 머스크는 대중의 평가가 극단적으로 갈리는 인물입니다. 영화 〈아이언맨〉 주인공의 실제 모델로도 알려진 그는 독특한 성격과 뛰어난 사업 감각, 미래 지향적인 추진력 때문에 광팬도 많지만, 앞뒤 안 가리는 파격적인 언행으로 조롱의 대상이 되기도 하지요. 그는 테슬라Tesla, 스페이스XSpaceX, 뉴럴링크Neuralink, X(구 트위터) 등 다양한 혁신적인 기업을 이끌고 있습니다. 이 같은 그의 업적 중 인공지능 분야에서의 기여 역시 주목할 만합니다. 머스크는 워낙 이야깃거리가 많은 인물이지만, 여기서는 인공지능 분야에 한정해 그의 행보를 살펴보겠습니다.

2015년, 일론 머스크는 샘 알트만과 함께 오픈AI를 창립했습니다. 오픈AI는 인공지능 연구의 투명성을 높이고 인류 전체의 이익을 위한 인공지능을 목표로 하는 비영리 연구소로 출발했죠. 그는 오픈AI의 초기 투자자로서 이 기관이 인공지능 연구의 윤리적 기준을 세우고 안전한 인공지능 개발을 이루기를 기대했습니다.

하지만 설립자들 간의 의견 충돌로 2018년, 머스크는 오픈AI를 떠납니다. 이때 그는 오픈AI가 상업적인 이익을 추구하는 방향으로 나아가는 것에 대한 우려를 표명하죠. 이처럼 일론 머스크는 인공지능 기술의 잠재력은 인정하지만, 그 위험성을 경계해야 한다고 믿는 진영의 대표 주자입니다. 인공지능을 개발하는 데 있어 윤리적 기준과 안전장치의 필요성을 강조하지요.

2023년 일론 머스크는 xAI라는 새로운 인공지능 회사를 설립하며 다시한번 인공지능 혁신의 중심에 섰습니다. xAI는 인공일반지능AGI 개발을 통해 우주의 진정한 본질에 대한 이해를 목표로 하고 있습니다. IT 업계의 최고 슈퍼스타가 만든 기업이니만큼 관심도 뜨겁습니다. 2024년 5월에는 60억 달러(약 8조 1,500억 원) 펀딩에 성공하며, 세계에서 두 번째로 가치 있는 인공지능 스타트업의 자리에 오릅니다. 참고로 1위는 오픈AI입니다.

스페이스 X의 유인 우주선 드래곤 캡슐 앞에 선 일론 머스크

머스크는 이러한 투자를 바탕으로 엔비디아의 GPU 10만 개를 갖춘 슈퍼컴퓨터를 구축하고, 본격적인 인공지능 서비스 개발에 나섰으며, 그록Grok이라는 인공지능을 출시했습니다. 이제 머스크와 알트만, xAI와 오픈AI의 진검승부가 시작되었습니다. 과연 승자는 누가 될까요?

오픈AI

가장 앞서 인공지능 산업을
이끌고 있는 기업

2015년 오픈AI가 설립됩니다. 오픈AI는 설립할 때부터 많은 이들의 주목을 받았습니다. 창립자인 샘 알트만과 일론 머스크는 오픈AI 설립 전부터 스타 CEO였기에, 이 둘의 합작만으로도 화제가 되기에 충분했지요. 게다가 인공지능 개발을 책임지는 인물로 일리야 수츠케버Ilya Sutskever도 영입됩니다. 그는 딥러닝 분야 선구자 중 한 명으로, 오픈AI 합류 전에는 구글 브레인에서 일하며 머신러닝을 위한 소프트웨어 텐서플로우TensorFlow와 알파고 출시를 진두지휘했습니다. 참고로 그는 제프리 힌턴 교수의 지도하에 박사 학위를 받았죠.

오픈AI는 인공지능 기술의 안전한 발전을 보장하고, 이를 통해 인류에 이익을 제공하는 것을 목표로 출범했습니다. 그렇기에 초기 오픈AI는 비영리 단체로 시작했지요. 하지만 곧 자금 조달과 연구 확장에 어려움을 겪게 됩니다. 머스크와 알트만은 초기 자금 문제 해결을 위해 대규모 자본이 필요하다는 점을 인식했습니다. 그러나 두 사람은 접근 방법이 달랐습니다. 머스크는 오픈AI를 테슬라의 자회사로 편입해 자금 문제를 해결하고자 했으나 이는 오픈AI의 이사회에서 극심한 반발에 부딪혔지요. 결국 이 갈등으로 머스크는 오픈AI를 떠나게 됩니다. 이제 알트만은 산하에 영리 법인을 두는 구조로 투자금을 유치하기로 합니다.

이때 오픈AI에 막대한 투자를 한 회사가 바로 마이크로소프트MS입니다. MS는 2019년부터 세 차례에 걸쳐 약 130억 달러를 투자합니다. 이를 통해 오픈AI는 급성

인공지능 업계의 중심에 서 있는 오픈AI의 미국 샌프란시스코 본사

장하고, MS 역시 오픈AI의 기술을 적극 활용해 큰 성과를 거둡니다. MS의 투자로 GPT 같은 대형 언어 모델 개발이 가속화되었고, 이는 인공지능 분야에서 큰 혁신을 가져오게 됩니다.

이후 역사는 우리가 앞서 살펴본 이야기들을 한 조각으로 만들면 됩니다. 2022년 GPT를 기반으로 하는 챗GPT가 출시되며, 오픈AI는 단번에 인공지능 업계의 중심에 서게 됩니다. 오픈AI는 챗GPT뿐만 아니라 텍스트 설명을 기반으로 이미지를 생성하는 달리DALL-E, 텍스트를 비디오로 변환하는 소라Sora 등을 발표하며, 인공지능 산업을 이끌고 있습니다.

하지만 우려도 존재합니다. 일론 머스크는 오픈AI가 설립 당시의 공익적인 취지를 위반하고 위험한 방향으로 가고 있다고 비난합니다. 오픈AI의 개발을 총괄했던 수츠케버는 오픈AI가 상업성을 추구하며 인공지능을 빠르게 개발한다는 부분에서 알트만과 갈등을 빚어 2024년 5월에 퇴사했습니다. 슈츠케버는 퇴사 이유를 자세히 밝히지 않았지만, 이러한 갈등이 주요 원인으로 알려져 있습니다.

알트만은 여전히 인류를 위한 안전하고 윤리적인 인공지능을 개발하겠다고 천명하고 있습니다. 하지만 인공지능 발전 속도에 대한 우려가 계속해서 제기되는 만큼, 그의 행보를 유심히 지켜볼 필요가 있습니다.

마이크로소프트

MS가 전 세계 1위 자리를
탈환할 수 있었던 이유는?

2000년대 초반만 하더라도 1위 기업은 마이크로소프트MS, 전 세계 최고 부자는 이 기업을 창업하고 경영한 빌 게이츠Bill Gates인 것이 당연했습니다. 하지만 애플의 아이폰이 출시되며 전세가 역전되죠. 애플이 MS의 혁신적인 이미지를 가져가며 주식의 가치 총액인 시가총액 1위 기업으로 등극합니다. 반면에 마이크로소프트는 윈도우의 성공에 안주한 나머지, 고전을 면치 못하지요.

그러던 2014년 인도계 미국인 사티아 나델라Satya Nadella(1967~)가 MS의 CEO에 부임하며, 클라우드 퍼스트 전략을 통해 MS의 제2 전성기를 이끕니다. 클라우드와 오피스를 통해 다시 전 세계 시가총액 2위 기업으로 등극하게 되지요. 하지만 여전히 1위는 애플이었습니다. 그러던 2024년 1월, 드디어 애플 천하의 막을 내리고 MS가 전 세계 시가총액 1위에 등극합니다. 이후 MS는 애플, 엔비디아와 시가총액 1위 자리를 놓고 계속해서 치열한 경쟁을 펼치고 있습니다. 그렇다면 MS의 1위 탈환은 어떻게 가능했을까요? 그 이유는 MS가 현 시점에서 인공지능 열풍을 선도하는 기업이기 때문입니다.

MS가 처음부터 인공지능 분야에서 두각을 드러낸 것은 아닙니다. 2016년, MS는 테이Tay라는 인공지능 챗봇을 출시했습니다. 하지만 인종차별적이고 폭력적인 발언으로 서비스 시작 16시간 만에 운영 중단이라는 아픔을 맛보지요. 이후 MS는 당시 스타트업이었던 오픈AI에 대규모 투자를 단행함으로써 오픈AI의 지분 49퍼센트

마이크로소프트의 대표적인 인공지능 서비스 코파일럿

를 보유하게 됩니다. 이는 서로에게 '윈-윈'이 되었습니다. 오픈AI는 막대한 자본력을 바탕으로 GPT라고 하는 혁신적인 인공지능 모델을 만들 수 있었습니다. 마이크로소프트 역시 GPT를 기반으로 자사의 인공지능 서비스를 운영하게 되죠.

MS의 대표적인 인공지능 서비스는 코파일럿copilot입니다. GPT-4를 기반으로 하는 인공지능 챗봇인 코파일럿은 특히 검색을 잘하는 것으로 평가받고 있습니다. 인공지능 검색 엔진을 표방하는 코파일럿은 최신 정보도 제공하고, 출처까지 표기된다는 장점이 있죠. 코파일럿은 우리가 자주 쓰는 워드, 파워포인트, 엑셀 등이 포함된 MS 365에도 적용되어 사무 작업을 돕습니다.

MS는 지속적인 혁신과 전략적 파트너십을 통해 인공지능 분야의 선두 주자로 자리를 잡습니다. 테이 사건에서의 실패를 교훈 삼아 더욱 강력하고 윤리적인 인공지능을 개발하며, 전 세계 시가총액 1위 기업으로서의 입지를 확고히 다지고 있습니다. 앞으로 MS의 미래를 더 기대해 봐도 좋겠지요?

딥마인드

인공지능의 한계를 돌파해
인류의 난제에 도전하는 기업

챗GPT 등장 이전까지, 인공지능 산업에서 최고 스타는 알파고를 만든 딥마인 드Deepmind였습니다. 2010년 영국에서 데미스 하사비스Demis Hassabis(1976~), 무스타파 슐레이만Mustafa Suleyman(1984~) 등은 인간 지능을 뛰어넘는 인공일반지능AGI 개발을 목표로 딥마인드를 설립했습니다. 이 신생회사는 설립 초기부터 강화 학습과 딥러닝을 결합한 혁신적인 방법으로 주목받았으며, 2014년 추정금액 6억 달러에 구글에 인수되었습니다.

구글에 인수된 딥마인드의 첫 번째 큰 성공은 알파고 프로젝트였습니다. 2016년, 바둑이라는 복잡한 게임에서 이세돌 9단을 이긴 알파고는 전 세계에 큰 충격을 주었지요. 인공지능이 인간의 직관과 창의력이 필요한 영역에서도 뛰어난 성과를 낼 수 있음을 입증한 역사적 순간이었습니다. 알파고의 성공 이후, 딥마인드는 실시간 전략 게임인 스타크래프트 IIStarCraft II에서 인간 최고 수준의 선수들과 경쟁할 수 있는 알파스타AlphaStar를 개발했습니다. 2019년, 알파스타는 프로 게이머를 상대로 승리를 기록하며, 실시간으로 진행되는 복잡한 게임에서도 인공지능이 인간과 유사한 성과를 낼 수 있음을 입증했습니다.

2024년 현재, 딥마인드는 인공지능 분야에서 여전히 혁신적인 발전을 이뤄내고 있습니다. 인류의 큰 난제 중 하나는 인체 내 단백질 구조를 분석하는 것입니다. 우리 인체는 수십에서 수백만에 이르는 단백질로 구성되어 있으며, 이들의 정확한 구

영국 런던 킹스크로스 핸디사이드 스트리트에 위치한 딥마인드 본사

조를 알아야 질병 이해 및 신약 개발이 가능해집니다. 딥마인드는 2020년 공개한 '알파폴드AlphaFold'를 통해 코로나19 바이러스의 단백질 구조를 예측합니다. 이어 2022년 발표한 '알파폴드2'를 기반으로 인간 단백질의 98.5퍼센트를 분석한 데이터베이스를 공개하죠. 2024년 5월에는 기존 모델들의 성과를 더욱 확장해 생명체의 근간을 이루는 분자들의 상호작용까지 예측하는 '알파폴드3'를 발표합니다. 이 공로로 2024년 노벨 화학상까지 수상하게 됩니다. CEO 하사비스는 최근 한 인터뷰에서 "향후 몇 년 내에 인공지능이 설계한 약을 실제로 환자에게 투여할 가능성이 있다"고 밝혔습니다. 또한 10년 내 인류의 모든 질병을 정복할 수 있다는 자신감을 내비치기도 했습니다.

이처럼 딥마인드는 인공지능 분야에서 놀라운 성과를 이뤄내고 있습니다. 또한 2023년에는 구글 산하의 '구글 브레인'과 딥마인드가 합병하며 사명을 '구글 딥마인드'로 변경합니다. 그리고 구글의 인공지능 프로젝트에 딥마인드가 참여하기 시작했습니다. 합병 이전까지는 딥마인드가 독립적으로 프로젝트를 진행했다면, 이후부터는 둘의 시너지를 내는 방향으로 전략이 수정된 것입니다. 향후 구글과 딥마인드가 만들 인공지능이 어디까지 나아갈지 기대되지 않나요?

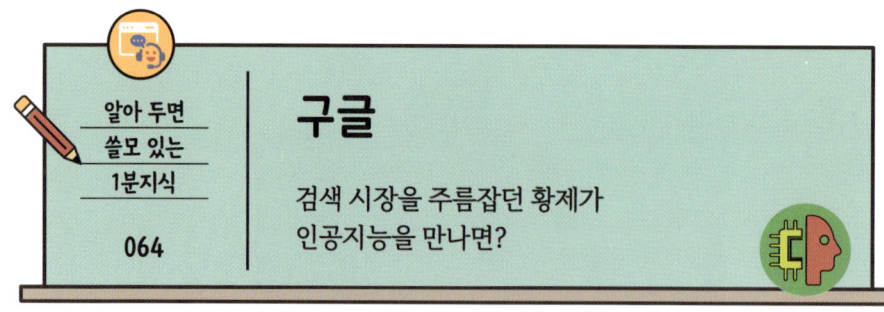

구글

검색 시장을 주름잡던 황제가
인공지능을 만나면?

인공지능 시대 이전만 해도 IT 분야의 가장 혁신적인 기업 하면 구글을 먼저 꼽았습니다. 구글은 알파벳Alphabet, 구글과 여러 자회사를 포함하는 지주회사 산하의 종합 IT 기업으로, 역사상 전 세계 최대의 인터넷 기업입니다. 1998년 래리 페이지Larry Page(1973~)와 세르게이 브린Sergey Brin(1973~)이 창업한 구글은 검색엔진을 기반으로 포털 사이트와 다양한 플랫폼을 운영하며, 스마트폰 운영체제인 안드로이드도 개발했습니다.

구글은 2000년대 초반부터 인공지능 연구를 시작했고, 자신들의 주력 사업인 검색을 더욱 강화하기 위해 인공지능을 활용했습니다. 2006년에는 구글 브레인Google Brain 프로젝트를 시작하며 딥러닝 연구에 본격적으로 착수했지요. 이 프로젝트는 결과적으로 구글 검색의 질을 크게 향상시켰을 뿐만 아니라 인류의 인공지능 기술 자체를 한 단계 업그레이드했다는 평가를 받게 됩니다.

이후, 앞서 살펴본 딥마인드를 인수하며 구글은 인공지능 분야에서 선두 주자로 자리를 잡습니다. 하지만 권불십년이라고, 후속 주자인 오픈AI와 마이크로소프트의 협공에 구글은 고전을 면치 못하게 됩니다. 결국 2023년, 구글은 구글 브레인과 딥마인드를 합병해 '구글 딥마인드'를 탄생시킵니다. 그리고 이 회사를 구글 직속으로 편입하지요. 시장은 이를 오픈AI로 촉발된 생성형 인공지능 시대에 우위를 확보하기 위한 전략으로 해석하고 있습니다.

구글의 생성형 인공지능 모델 제미나이

챗GPT에 대응하기 위해 구글과 딥마인드는 생성형 인공지능 모델인 제미나이Gemini를 2023년에 공개합니다. 이와 함께 구글은 검색, 지도, 사진과 같은 모든 사업 부문을 인공지능 중심으로 개편하고, 강력한 '제미나이 생태계'를 구축하겠다는 청사진을 제시합니다. 검색과 인터넷 시장을 장악하고 있는 구글이 인공지능을 통해 혁신적인 변화를 시도하고 있는 것이지요.

물론 제미나이에 대한 부정적 평가도 존재합니다. 특히, 2024년 제미나이는 역사적 사실 왜곡, 백인 위인의 흑인화 등 여러 논란을 일으켜 한동안 제미나이의 일부 기능이 보수에 들어가는 일도 벌어졌습니다. 심각성을 인식한 구글은 딥마인드의 핵심 인력을 구글 인공지능 개발에 투입했고, 제미나이의 성능은 급속도로 좋아지기 시작합니다. 특히, 이미지 및 동영상 생성에서 발군의 실력을 보이며 제미나이의 시장 점유율이 높아지기 시작했습니다.

이처럼 제미나이의 성능이 좋아지면서 구글이 만들 인공지능에 대한 기대도 커지고 있습니다. 구글이 인공지능 시대에도 지금과 같은 위상을 유지할 수 있을지 지켜보는 것도 또 하나의 관전 포인트일 것입니다.

애플

혁신 기업의 대명사, 인공지능이라는
날개를 달 수 있을까?

2007년 1월, 당시 애플의 CEO였던 스티브 잡스Steve Jobs(1955~2011)는 역사에 영원히 기록될 발표를 합니다. 바로 아이폰iPhone의 첫 공개였는데요. 이후 잡스는 혁신의 아이콘으로, 애플은 혁신 기업으로 자리 잡게 됩니다. 성과도 어마어마했습니다. 아이폰이 불타나게 팔리며, 애플이라는 기업을 전 세계 1위 기업으로 만드는 데 일조하지요. 아이폰의 성공에는 다양한 이유가 있지만, 여기에서는 인공지능에만 집중해 살펴보겠습니다.

아이폰 성공의 주요 원인은 아니지만, 어느 정도 역할을 한 것이 인공지능입니다. 애플은 오랜 기간 동안 인공지능 기술을 발전시켜 왔습니다. 대표 사례가 바로, 2011년 발표된 시리Siri입니다. 시리는 음성 인식과 자연어 처리를 통해 사용자와의 상호작용을 혁신적으로 바꿔 놓았습니다. 음성 비서 기능을 일반 사용자에게 제공한 최초의 사례 중 하나였지요. 초창기 시리가 간단한 명령만을 처리했다면, 시간이 지날수록 시리의 기능은 점점 더 확장됐습니다. 최근의 시리는 자연어 이해 능력이 크게 향상되어 복잡한 명령도 처리하고, 애플워치, 에어팟, 맥북 등 애플의 다양한 기기와 연동하는 것도 자연스러워졌습니다.

또한 애플은 아이폰 등 자사 기기에 내장된 애플리케이션에도 인공지능 기능을 탑재합니다. 애플의 사진 앱은 인공지능을 활용해 얼굴 인식, 장면 분류, 이미지 개선 등의 기능을 제공하지요. 또한 애플워치의 헬스케어 앱은 심박수 모니터링, 낙상

실리콘밸리에 있는 혁신 기업의 대명사 애플 본사

감지 등 다양한 기능을 통해 사용자 건강을 관리하는 데 도움을 줍니다.

이처럼 애플은 아이폰을 비롯한 자사의 기기 판매 촉진을 위해 인공지능을 활용해 왔습니다. 하지만 최근 챗GPT를 비롯한 혁신적인 인공지능이 등장하며, 애플이 인공지능 분야에서 다소 뒤처지고 있는 것이 아니냐는 의견이 제기되고 있습니다. 이에 애플은 2024년, 자사의 개발자 회의인 WWDCWorldWide Developers Conference를 통해 인공지능 관련 주요 업데이트를 진행한다고 밝혔습니다. 주요 핵심은 시리를 챗GPT 같은 경쟁 제품과 비슷한 수준으로 끌어올리겠다는 것입니다. 이를 위해 자사의 기술을 발전시키기 위한 투자 계획과 함께 오픈AI, 메타 같은 기업들과의 연계 계획도 발표했습니다. 애플이 인공지능 분야에서 경쟁력을 강화하기 위해 어떤 전략을 펼칠지 귀추가 주목되고 있습니다.

메타

인공지능을 통해 사용자 경험 극대화를
모색하는 IT 공룡 기업

인공지능 산업을 이끌어 가는 또 하나의 거대 기업으로 메타Meta가 있습니다. 아직 메타라는 이름이 익숙하지 않은 사람도 있을 텐데요. 메타의 예전 이름인 '페이스북Facebook'은 모두 잘 알고 있을 겁니다. 메타는 페이스북을 비롯해 인스타그램Instargram, 왓츠앱WhatsApp 등을 운영 중인 빅테크 기업 중 하나입니다.

메타는 2013년 FAIRFacebook AI Research를 설립하며 인공지능 연구와 투자에 전념합니다. 이들의 목표는 개방형 연구와 협력을 통해 인공지능 기술을 발전시키는 것이었습니다. 이로써 메타는 사용자 경험을 향상하고, 새로운 기술을 창출할 수 있었지요.

2021년, 페이스북이 메타로 리브랜딩하면서 FAIR는 메타 AI로 개명했습니다. 메타 AI는 2023년 2월 라마Large Language Model Meta AI, LLaMA라는 대형 언어 모델을 발표합니다. 최근에는 LLaMA3까지 발표하며, GPT와 함께 대형 언어 모델을 이끌어 가고 있습니다. 또한 메타는 생성형 인공지능 분야에서도 큰 진전을 이루고 있습니다. 자연어 명령으로 음성을 생성하는 오디오박스Audiobox, 이미지와 영상을 생성하는 에뮤Emu를 발표했으며, 생성형 인공지능 모델을 안전하고 책임감 있게 구축하기 위한 도구 모음인 퍼플 라마Purple LLaMA까지 공개하며, 혁신을 이어가고 있습니다. 또한, 인공지능 연구 커뮤니티를 지원하기 위해 메타는 오픈소스 딥러닝 프레임워크인 파이토치PyTorch를 지속 발전시키고 있습니다. 파이토치는 인공지능 연구와

메타는 인공지능을 통해 메타버스 같은 가상 및 증강 현실 환경을 구축합니다.

개발에 필수적인 도구로 자리 잡았습니다.

메타의 인공지능 연구를 이끄는 주요 인물 중 하나는 얀 르쿤입니다. 앞서 인공지능 4대 천왕 중 한 명으로 소개한 바 있는 그는 세계적 석학으로, 2013년부터 페이스북에 합류했습니다. 하지만 메타의 인공지능 성능이 다른 빅테크 기업들에 비해 뒤처진다는 평가가 지속적으로 제기돼 왔습니다. 이에 메타는 2025년 들어 경쟁사의 핵심 인재들에게 수천만 달러에 이르는 연봉을 제시하며 공격적인 영입 전략을 펼치고 있습니다.

메타가 이처럼 인공지능에 집중하는 이유는 우선 자사 플랫폼 사용자의 경험 향상입니다. 메타는 인공지능을 통해 사용자 경험을 극대화하고자 합니다. 예를 들어 페이스북, 인스타그램, 왓츠앱 같은 플랫폼은 개인화된 콘텐츠 추천 시스템을 제공합니다. 이러한 추천 시스템은 사용자의 행동을 분석하고, 선호도에 맞는 콘텐츠를 제공함으로써 더 오래 머물게 하는 효과가 있습니다. 또한 메타는 인공지능을 통해 메타버스와 같은 가상 및 증강 현실 환경을 구축합니다. 회사 이름을 메타로 바꾼 이유이기도 하지요. 메타가 인공지능으로 구축할 새로운 형태의 가상 현실인 메타버스 세상이 기대되지 않나요?

엔비디아

인공지능 하드웨어 분야의 압도적 일인자

지금까지 우리는 인공지능 소프트웨어를 다루는 기업들을 살펴봤습니다. 하지만 오늘날 인공지능이 대중화되는 데에는 하드웨어도 큰 역할을 했습니다. 여기에서는 인공지능 하드웨어를 사실상 독점하고 있는 기업, 엔비디아Nvidia에 대해 알아보겠습니다.

엔비디아는 현재까지도 CEO 자리를 지키고 있는 젠슨 황Jensen Huang(1963~)을 비롯해 커티스 프리엠Curtis Priem(1958~), 크리스 말라코스키Chris Malachowsky(1959~)가 1993년에 설립했습니다. 초기에는 CPU 생산을 계획했으나 시장 진입의 어려움을 깨닫고 그래픽 칩셋으로 방향을 전환했습니다. 이것이 신의 한 수였지요. 초기 그래픽 칩셋은 큰 인기를 끌지 못했지만 1997년 출시한 RIVA 128의 성공을 시작으로, RIVA TNT 및 TNT2 시리즈로 큰 인기를 끌며, GPUGraphic processing unit 시장에서 두각을 나타내기 시작했습니다.

엔비디아는 2006년에 또 하나의 전환점을 맞이합니다. 이 당시 엔비디아는 CUDACompute Unified Device Architecture를 도입하는데요. CUDA는 개발자들이 GPU를 활용해 병렬 처리를 할 수 있게 도와주는 플랫폼입니다. 딥러닝은 기본적으로 수백만 개 혹은 그 이상의 변수를 조정해야 합니다. 이 과정에서 CPU만 사용하면 연산이 직렬로, 한 번에 하나씩 처리되기 때문에 시간이 매우 오래 걸립니다. 하지만 CUDA를 사용하면 이러한 연산을 GPU의 수천 개 코어에 분산해 동시에 병렬로 처리할 수

엔비디아는 인공지능 칩 시장에서 80퍼센트 이상의 점유율을 기록하며 압도적인 선두 자리를 차지하고 있습니다.

있습니다. 이를 통해 모델 훈련 시간이 크게 단축되지요. 그래서 많은 딥러닝 프레임 워크들이 CUDA를 사용하고 있습니다. CUDA를 쓰려면 당연히 GPU는 엔비디아 것을 써야겠지요?

엔비디아는 인공지능 칩 시장에서 80퍼센트 이상의 점유율을 기록하며 압도적인 선두를 유지하고 있습니다. 또한 전 세계 반도체 기업 중 매출 1위를 기록했지요. 기업의 가치를 나타내는 주가도 폭등하며, 2025년 7월 전 세계 최초로 시가총액 4조 달러를 돌파했습니다. 앞으로의 전망도 밝습니다. 엔비디아의 GPU는 인공지능과 머신러닝 작업에 최적화되어 있기에 다양한 산업의 필수 요소로 자리 잡고 있습니다.

엔비디아는 하드웨어뿐만 아니라 자사의 하드웨어를 사용하기 편하게 해주는 소프트웨어 플랫폼도 다수 구축했습니다. 이를 통해 엔비디아 중심의 에코시스템을 갖춰 가고 있지요. 인공지능 관련 소프트웨어 업계는 다수의 기업이 치열한 경쟁을 펼치고 있지만, 하드웨어 업계는 엔비디아의 독주 속에 다른 반도체 기업이 힘겹게 추격하는 모습을 보이고 있습니다. 과연 엔비디아의 독주는 언제까지 이어질까요?

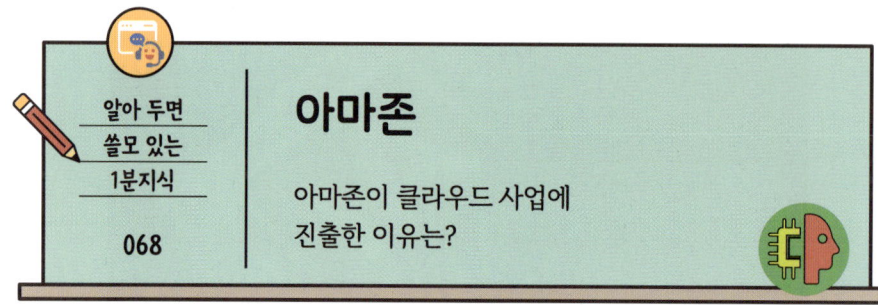

아마존

아마존이 클라우드 사업에
진출한 이유는?

아마존Amazon은 1994년 제프 베이조스Jeff Bezos(1964~)가 설립한 이래, 전자상거래 업계에서 두각을 나타내며 성장했습니다. 초기에는 온라인 서점으로 시작했지만, 점차 다양한 제품과 서비스를 제공하며 글로벌 기업으로 성장했지요. 하지만 오늘날 아마존이 빅테크 기업으로 성장하게 된 가장 큰 이유는 클라우드 사업에 진출하면서부터입니다.

2006년 3월, 아마존은 필요한 만큼 쓰고, 쓴 만큼 비용을 내는 온라인 클라우드 서비스 S3(Simple Storage Service)를 발표합니다. 오늘날 아마존을 있게 한 아마존 웹 서비스Amazon Web Services, AWS의 시작이었습니다. AWS는 클라우드 컴퓨팅 서비스로, 기업들이 데이터를 저장하고 처리할 수 있는 플랫폼을 제공합니다. 아마존은 AWS 인프라를 기업에 온라인으로 대여해 주고 사용료를 받습니다. AWS를 이용하는 기업은 값비싼 하드웨어 대신 AWS를 이용하면서 비용을 절감하지요. 이후 IT 시장에서 클라우드는 없어서는 안 될 요소로 자리 잡게 됩니다.

아마존은 AWS를 기반으로 인공지능을 구현할 수 있는 플랫폼도 제공합니다. 가장 대표적인 것이 세이지메이커SageMaker입니다. 기업들이 대규모 머신러닝 모델을 구축하고 배포할 수 있도록 클라우드에서 지원해 주는 서비스가 바로 세이지메이커입니다. 자체적으로 머신러닝 인프라를 구축하기 어려운 기업이라면 이 서비스를 통해 손쉽게 머신러닝을 자사 서비스에 적용해 볼 수 있게 되었지요. 이 외에도 딥러닝

아마존은 클라우드 사업 진출을 계기로 빅테크 기업으로 성장하게 되었습니다.

같은 복잡한 인공지능 솔루션도 구축하고 배포할 수 있도록 지원하고 있습니다.

또한 아마존은 다양한 인공지능 프로그램도 선보여 왔습니다. 2014년, 인공지능 음성 비서인 알렉사Alexa를 탑재한 스마트 스피커, 아마존 에코Echo를 출시한 바 있습니다. 지금이야 음성 비서가 대중화되어 놀랍지 않은 개념이지만, 당시에는 혁신적인 서비스로 큰 주목을 받았습니다. 그리고 2016년에는 무인 상점인 아마존 고Amazon Go를 선보였습니다. 이 상점은 컴퓨터 비전, 딥러닝, 센서 기술 등을 활용해 고객들이 물건을 집어 들고 나가기만 하면 자동으로 결제되는 시스템을 도입했지요. 또한, 아마존은 물류창고의 효율성을 높이기 위해 인공지능이 탑재된 키바Kiva 로봇도 도입했습니다. 이 로봇은 자율적으로 물류창고 내에서 상품을 이동시키고, 재고 관리와 배송 속도를 향상시키는 역할을 합니다.

이처럼 아마존은 강점인 클라우드를 기반으로 인공지능을 확산시키고 있습니다. 또한 아마존 고, 키바 같은 특색 있는 인공지능을 시장에 선보이며 인공지능의 혁신을 이끌어 가고 있습니다.

삼성전자

삼성이 그리는 온디바이스 AI 시대란?

대한민국을 대표하는 기업인 삼성전자의 인공지능 개발 현황은 어떨까요? 삼성전자는 IT 기술 혁신을 선도하는 글로벌 기업으로, 1980년대부터 반도체와 디지털 기술에 적극 투자하기 시작했습니다. 2010년대에 들어서면서 인공지능 기술의 중요성을 인식하고 관련 연구 및 개발에 박차를 가하기 시작했는데요. 2017년 11월 삼성 리서치 AI 센터를 설립한 후 실리콘밸리, 캐나다, 영국 등 여러 지역에 인공지능 연구 센터를 건립했습니다. 이를 통해 세계 각국의 연구자들과 협력하며 인공지능 기술의 발전을 도모하고 있습니다.

삼성전자의 대표적인 인공지능 애플리케이션은 2017년 출시된 빅스비Bixby입니다. 갤럭시 스마트폰에 내장된 빅스비는 자연어 처리 기술을 바탕으로 음성 명령을 이해하고, 다양한 기기와 연동함으로써 사용자에게 편리한 서비스를 제공합니다. 최근에는 빅스비의 성능을 대폭 향상시키며, 자사가 제공하는 다양한 갤럭시 기기에서 인공지능 서비스를 이용할 수 있도록 하고 있습니다. 실시간 통역이 제공되며, 사진을 인공지능으로 편집할 수도 있습니다.

또한, 삼성은 가우스Gauss라는 생성형 인공지능 모델도 공개했습니다. 가우스는 언어뿐만 아니라 이미지, 영상 등 다양한 데이터를 다루는 생성형 인공지능입니다. 텍스트 생성, 메일 작성, 문서 요약은 물론 소프트웨어 개발에 필요한 코드 작성에도 도움을 주고 있죠. 삼성전자 사내에는 이미 가우스가 공개되어 직원들의 업무 효율

삼성 갤럭시 AI 광고가 있는 멀티 스크린 광고판

성을 높이고 있습니다.

삼성전자가 궁극적으로 그리는 인공지능 미래는 온디바이스 AIOn-Device AI 시대를 여는 것입니다. 온디바이스 AI란 서버나 클라우드에 연결할 필요 없이 모바일 기기 자체에서 인공지능 서비스를 제공할 수 있게 하는 기술입니다. 이렇게 하면 더 빠르게 작업을 처리할 수 있는 장점이 있습니다. 이를 위해 삼성전자는 엑시노스Exynos 같은 하드웨어 칩 기술을 발전시키고 있습니다. 이를 기반으로 이미지, 텍스트, 비디오, 오디오 등 다양한 생성형 인공지능 애플리케이션을 삼성의 기기 자체에서 구동하는 것이 최종 목표지요.

이처럼 삼성전자는 강점인 다양한 디바이스를 기반으로 인공지능 서비스를 제공하기 위해 노력하고 있습니다. 세계 무대에서 경쟁을 펼치고 있는 기업으로서 삼성전자의 인공지능 분야에서 혁신은 주목할 만합니다. 앞으로도 이러한 노력을 통해 글로벌 시장에서 경쟁력을 강화해 갈 삼성전자의 미래가 기대됩니다.

네이버

한국어에 특화된 인공지능 모델이 있다고?

네이버Naver는 모두가 잘 아는 기업이죠? 우리는 매일 인터넷에 접속하면서 네이버를 거치게 되는데요. 대한민국의 대표적인 인터넷 서비스 기업인 네이버는 1999년 이해진(1967~)이 설립했습니다. 초창기에는 검색 엔진이 주력이었으나, 점차 사업 범위를 확대해서 블로그, 카페, 지식인 등 다양한 서비스와 기술을 제공하는 종합 IT 기업으로 성장했습니다.

네이버는 일찍부터 인공지능 기술 개발에 많은 투자를 해왔습니다. 검색 서비스가 주력 사업이다 보니, 검색 서비스 고도화를 위해 인공지능 기술을 적극 활용해 왔습니다. 자연어 처리 기술을 통해 사용자의 검색 의도를 더욱 정확하게 파악해 맞춤형 검색 결과를 제공하고 있지요. 또한 맞춤형 콘텐츠 추천 시스템에도 인공지능 기술이 적용되어 있습니다. 그리고 파파고Papago라는 네이버가 제공하는 번역 서비스역시 인공지능 기술을 기반으로 합니다.

하이퍼클로바 XHyperCLOVA X는 최근 네이버의 인공지능 기술 개발에서 가장 주목받는 프로젝트입니다. 이는 네이버의 초거대 인공지능으로, 수십억 개의 파라미터를 바탕으로 하는 인공지능 모델입니다. 방대한 양의 데이터를 학습해 높은 수준의 언어 이해 및 생성 능력을 보유하고 있지요. 네이버 검색이나 파파고 등의 네이버 서비스들이 하이퍼클로바 X를 통해 더욱 고도화되고 있습니다. 그런데 이 인공지능 모델에는 중요한 특징이 하나 더 있습니다. 바로 한국어에 특화되어 있다는 점입니다. 외

네이버 대형 언어 모델 하이퍼클로바X 홍보 이미지

국의 대형 언어 모델은 영어를 기반으로 하지만, 하이퍼클로바 X는 한국어를 기반으로 합니다. 그러니 한국어 텍스트를 처리하는 데 기존 모델들보다 뛰어난 성능을 보일 수밖에 없죠.

하이퍼클로바 X 기술을 바탕으로 대화형 에이전트 클로바 XCLOVA X가 만들어졌습니다. 챗GPT와 유사하다고 생각하면 이해가 편합니다. 사용자와 대화를 통해 상호작용하는 대화형 인공지능인 클로바 X는 일반적인 질문은 물론, 계획 일정표 작성, 면접 준비, 상품 비교 등 다양한 분야에서 사용자를 돕습니다.

이처럼 네이버는 인공지능 기술 개발에 많은 노력을 기울이고 있습니다. 외국 빅테크 기업들이 이끌어 가고 있는 초거대 인공지능 시장에서 한국형 초거대 인공지능을 만들기 위해 네이버는 열심히 노력 중입니다.

오픈AI 창업자가 해고를 당했다고?

_샘 알트만 해고 사건

2023년 11월 17일, '챗GPT의 아버지'이자 오픈AI의 CEO인 샘 알트만이 이사회의 결정에 따라 해고되었습니다. 이후 사태는 급박하게 흘러갔고, 전 세계는 알트만 해고 사건에 촉각을 곤두세웠습니다. 알트만이 해고당하자, 공동 창업자인 그렉 브록먼 역시 퇴사하겠다고 선언했고, 얼마 지나지 않아 알트만을 포함한 핵심 인력 다수가 마이크로소프트에 합류한다는 뉴스도 전해졌습니다. 그리고 오픈AI 전체 직원의 90퍼센트 이상인 700여 명이 알트만 해고에 반대한다는 연판장을 돌리며 자신들도 퇴사하겠다는 의견을 밝혔죠. 결국 오픈AI의 이사회는 백기를 들며 해임 5일 만에 알트만을 오픈AI CEO로 다시 복귀시켰습니다.

알트만 해고 사유로는 다양한 추측이 존재하지만, 인공지능의 안전성과 개발 속도를 둘러싼 갈등이라는 분석이 지배적입니다. 알트만은 챗GPT를 더욱 빠르게 발전시켜 상용화 및 생태계 구축을 공고히 하려는 목표를 세웠는데, 여기에 반발하고 나선 이사진이 있었습니다. 알트만의 반대 진영 중에서는 오픈AI의 공동 창업자이자 최고과학책임자CSO인 일리야 수츠케버가 대표적 인물로 꼽힙니다. 알트만이 오픈AI를 진두 지휘하는 CEO라면, 수츠케버는 챗GPT 기술 개발을 진두지휘하는 인물이었지요. 수츠케버는 평소 빠르게 진행되는 연구 개발 및 상용화에 반대 의사를 지속적으로 밝혀왔으며, 그 결과가 알트만의 해고로 이어졌다는 것이 중론입니다.

해임 5일 만에 오픈AI CEO로 다시 복귀한 샘 알트만

역설적으로 해고 사태를 통해 알트만은 자신의 입지를 전 세계에 알렸는데요. 마이크로소프트와 알트만이 돈독한 관계임을 모두가 확인했고, 무엇보다 오픈AI 임직원의 90퍼센트 이상이 알트만을 지지한다는 선언을 통해 그가 얼마나 신뢰받는 리더인지를 입증했습니다. 반면, 수츠케버는 오픈AI 내 입지가 좁아졌고, 결국 2024년 퇴사하기에 이릅니다. 알트만과 수츠케버의 알력 싸움에서 알트만이 승리한 후 오픈AI의 인공지능 개발에는 가속도가 붙게 되었습니다.

하지만 승리에 너무 도취했던 걸까요? 2024년, 알트만은 여러 구설에 오릅니다. 그는 수츠케버를 해임하는 과정에서 오픈AI 내 인공지능 안전을 담당하는 조직을 해체하고 마는데요. 이 과정에서 회사를 떠나는 직원들에게 회사에 대한 비난을 금지하는 서약서를 강요해 많은 비난을 받게 됩니다. 또한, 새롭게 공개한 GPT-4o의 음성에 영화 〈그녀〉의 사만다 목소리를 연기한 배우 스칼릿 조핸슨의 목소리를 무단으로 도용했다는 의혹도 제기됩니다.

인공지능 산업을 선도하는 기업의 수장이 연일 구설에 오르내리며, 인공지능을 바라보는 시선 역시 마냥 곱지만은 않습니다. 샘 알트만과 오픈AI의 미래가 기대되면서도 주의 깊게 살펴봐야 할 이유입니다.

인공지능이 노벨 화학상을 수상했다고?
_딥마인드의 알파폴드

2023년 말, 충격적인 기사가 쏟아졌습니다. 인공지능이 노벨상을 받을 날이 머지않았다는 소식이었는데요. 주인공은 바로 구글 딥마인드가 개발한 인공지능 '알파폴드'입니다. 알파고로도 유명한 딥마인드는 딥러닝 기술을 이용해 단백질 구조를 분석하기 시작했습니다. 암이나 치매 같은 질병이 단백질의 비정상적 구조로 발생하는 점을 감안하면, 단백질 구조 예측은 의학과 생명과학에서 매우 중요한 문제라 할 수 있습니다. 이 문제를 풀기 위해 나선 알파폴드는 단 3년 만에 2억 개 이상의 단백질 구조를 밝혀냈습니다. 인류가 30년에 걸쳐 겨우 20만 개의 단백질 구조를 예측한 데 비해 인공지능은 단기간에 2억 개 모두를 예측해 버리고 맙니다.

이 성과로 알파폴드는 2023년 9월 21일, 예비 노벨상이라 불리는 미국의 래스커상Lasker Award을 수상했습니다. 래스커상은 미국판 노벨 생리의학상으로, 지난 20년간 수상자 중32명이 노벨상을 받아 '예비 노벨상'이라는 별명을 가지고 있습니다. 알파폴드의 업적으로 예비 노벨상이 수여되자, 모두가 가장 궁금해했던 질문은 '알파폴드가 노벨상을 받을 수 있을까?'가 되었습니다. 그리고 이 질문은 1년 만에 현실이 되었습니다.

2024년 10월 9일, 알파폴드는 단백질 구조 예측 기술을 발전시킨 공로로 노벨 화학상을 수상했습니다. 노벨상은 개인이나 조직에 수여하는 것이 원칙이기에 이 상은 구글 딥마인드의 CEO인 데미스 하사비스와 알파폴드 프로젝트를 이끈 존 점퍼John Jumper 수석 연구원이 함께 수상했지요.

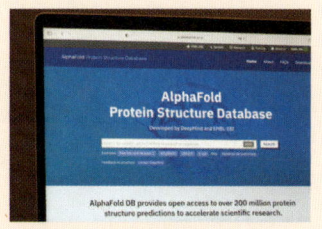

구글 딥마인드의 알파폴드 단백질 구조 데이터베이스 홈페이지

알파폴드가 사용한 인공지능 기술은 우리가 앞서 살펴본 '트랜스포머Transformer'라는 알고리즘입니다. 트랜스포머는 원래 자연어 처리를 위해 개발된 알고리즘이지만, 알파폴드는 이를 변형한 '에보포머Evoformer'라는 기술을 사용해 단백질 구조를 예측했습니다. 이 기술을 통해 알파폴드는 단백질 서열 데이터를 분석하고, 매우 정교하게 3D 구조를 예측하는 능력을 갖추게 되었지요.

알파폴드의 노벨상 수상을 비판하는 의견도 존재합니다. 성과가 신약 개발에 바로 적용되기에는 아직 실험적 검증이 더 필요하다는 지적인데요. 약물이 단백질에 결합할 때 그 구조가 동적으로 변하는데 현재 알파폴드는 정적인 구조만을 예측하는 데 그치기 때문입니다. 또한 인공지능 예측이 항상 정확하지 않을 수 있다는 우려도 여전히 존재합니다.

하지만 우리는 알파폴드의 업적이 받은 상 이름에 주목해야 합니다. '노벨 생리의학상'이 아니라 '노벨 화학상'이 이들에게 수여되었는데요. 화학적 관점에서 단백질 구조를 사실상 모두 예측했다는 점만으로도 노벨 화학상을 받기에 충분한 업적입니다. 알파폴드의 성과를 바탕으로 신약을 개발하는 것은 이제 생리의학 분야 연구자들의 몫입니다. 아니, 어쩌면 또 다른 인공지능이 등장해 신약을 만드는 데 공헌할 수도 있습니다. 그렇게 된다면 몇 년 후에는 노벨 생리의학상을 인공지능이 받는 광경을 볼 수 있겠지요?

8장

인공지능 윤리

- ☑ AI 편향
- ☐ 할루시네이션
- ☐ 프라이버시
- ☐ 저작권
- ☐ 블랙박스
- ☐ 트롤리 딜레마
- ☐ 킬러 로봇
- ☐ 로봇 3원칙
- ☐ 아실로마 인공지능 원칙
- ☐ 환경 문제

AI 편향

인공지능이 가지고 있는 치명적 단점은?

인공지능은 우리의 생활을 편리하게 해주는 놀라운 기술입니다. 하지만 몇 가지 문제점을 가지고 있습니다. 그중 하나가 바로 '편향'에 취약하다는 점입니다. 인공지능 편향AI Bias이란, 인공지능이 공정하게 판단하지 못하고, 특정 집단이나 성향에 치우쳐 잘못된 결정을 내리는 현상을 말합니다.

편향이 발생하는 원인으로 가장 먼저 꼽히는 것은 데이터 편향입니다. 예를 들어, 인공지능이 고양이와 개를 구분하는 법을 배우기 위해 사진을 학습했다고 가정합시다. 그런데 대부분의 사진에서 고양이는 흰색이고 개는 갈색이라면, 인공지능은 흰색 동물을 고양이로, 갈색 동물을 개로 잘못 판단할 가능성이 높아집니다. 이처럼 편향된 데이터로 학습한 인공지능은 이를 그대로 반영해 불공정한 결과를 내놓습니다.

실제로 인공지능의 편향에 따른 여러 문제가 발생한 바 있습니다. 아마존은 인공지능을 통해 채용 과정을 자동화하려고 했습니다. 하지만 인공지능이 이전에 합격한 지원자의 이력서를 학습하다 보니, 남성 지원자를 여성 지원자보다 더 높게 평가하는 편향을 보였습니다. 결국 아마존은 인공지능을 이용한 채용 시스템을 포기했습니다. 이런 문제는 마이크로소프트가 2016년 공개한 챗봇 테이Tay에서도 발생했습니다. 일부 사용자가 대화를 나누며 의도적으로 인종차별적이고 혐오스러운 내용을 주입하자, 테이가 이 내용을 학습해 문제성 있는 발언을 쏟아냈습니다. 이로 인해 테이는 서비스 시작 16시간 만에 운영을 중단했습니다. 이 외에 얼굴 인식 인공지능이나

한쪽으로 치우친 데이터를 학습한 인공지능은 편향된 결과를 낼 수 있습니다.

의료 인공지능 역시 인종에 따라 편향될 결과를 보여주었습니다. 얼굴 인식 인공지능은 백인 남성의 얼굴은 매우 정확하게 인식했지만, 흑인 여성의 얼굴을 인식하는 데에는 오류가 많았습니다. 의료 인공지능 역시 다양한 인종과 성별 데이터를 학습하지 않아 특정 인종에 대한 진단 정확도가 떨어지는 문제가 발생한 것입니다.

이처럼 인공지능이 보여주는 편향성은 공정성과 신뢰성을 해치는 결과를 가져옵니다. 사람들이 인공지능을 믿고 의지하는 만큼, 편향된 인공지능이 내리는 잘못된 결정 또한 많은 사람들에게 부정적인 영향을 미칠 있습니다. 특히 채용, 법 집행, 의료, 금융처럼 중요한 문제에서 특정 집단에 불이익을 주거나, 사회적 불평등을 심화할 수도 있습니다.

그럼 이와 같은 편향 문제를 해결할 방법은 없을까요? 우선 인공지능이 학습하는 데이터가 공정해야 합니다. 또한, 인공지능 모델을 개발할 때 검증도 철저히 해야 하죠. 하지만 사람이 가지고 있는 생각이나, 이미 세상에 널리 퍼진 데이터에서 편향이라는 요소를 완전히 제거할 수 없습니다. 즉, 인공지능 편향 문제는 영원히 풀 수 없는 숙제이지요. 그러니 이럴수록 우리는 경각심을 가지고 인공지능을 바라봐야 할 것입니다.

할루시네이션

생성형 인공지능이 그럴듯한
거짓말의 고수라고?

혹시 '세종대왕이 맥북을 던졌다'는 이야기 들어 보셨나요? 한때 인터넷상에서 화제가 되었던 밈meme인데요. 누군가가 챗GPT에 세종대왕 관련 질문을 했는데, 세종대왕이 훈민정음을 개발하던 중 집현전 학자에게 분노해 맥북 프로를 던졌다는 답변이나온 데서 유래한 우스갯소리입니다. 한동안 인터넷을 뜨겁게 달군 이야기였죠. 이처럼 생성형 인공지능, 특히 자연어를 처리하는 모델에서 전혀 엉뚱한 이야기를 하는 경우가 종종 일어나고는 합니다.

이런 현상을 할루시네이션Hallucination이라고 하는데요. 우리말로는 환각이라고 번역할 수 있습니다. 다만 환각이라는 용어가 정신의학에서도 사용되다 보니, 인공지능이 겪는 현상을 할루시네이션이라고 구분 지어 부르기도 합니다. 학계나 언론에서는 환각이나 할루시네이션을 혼용해서 사용하지만, 여기서는 할루시네이션이라는 용어로 부르겠습니다.

인공지능이 겪는 할루시네이션은 현실에 존재하지 않거나 사실이 아닌 정보를 생성해 내는 현상을 말합니다. 사람이 환각을 경험하는 것처럼, 인공지능이 잘못된 정보를 지어내는 현상이죠. 앞서 살펴본 세종대왕이 맥북 프로를 던졌다는, 전혀 사실이 아닌 대답을 하는 경우가 할루시네이션의 대표적인 예입니다. 이처럼 사실이 아닌 정보를 생성하는 인공지능은 많은 문제를 불러일으킵니다. 생성형 인공지능이 제공해 주는 정보를 별도의 여과 없이 곧이곧대로 믿는다면, 곤란한 상황이 벌어질 수 있습니다. 만약, 여러분이 챗GPT의 도움을 받아 과제를 한다면, 그럴듯해 보이는 답변 속에 거짓된 정보가 숨어 있을 수 있으니, 반드시 검증 과정을 거쳐야 합니다.

인공지능은 현실에 존재하지 않거나 사실이 아닌 정보를 생성해 내는 할루시네이션 현상을 일으키기도 합니다.

그렇다면 생성형 인공지능의 가장 큰 문제점으로 꼽히는 할루시네이션이 나타나는 이유는 무엇일까요? 이는 생성형 인공지능이 결과물을 생성하는 과정에서, 질문을 온전히 이해하고 답을 하는 것이 아니라 확률을 기반으로 결과를 만들기 때문입니다. 확률이 언제나 100퍼센트가 될 수 없기에 비논리적이거나 사실에 어긋난 응답이 생성되는 거죠. 또한, 인공지능이 학습한 데이터가 충분하지 않거나, 앞서 살펴본 것처럼 편향적일 경우에도 인공지능은 사실과 맞지 않은 정보를 생성할 가능성이 높습니다.

오픈AI를 비롯한 많은 빅테크 기업들은 할루시네이션을 극복하기 위해 최선의 노력을 다하고 있습니다. 챗GPT를 비롯한 인공지능이 더욱 확산되기 위해서는 이 문제를 극복하는 것이 필수이기 때문이죠. 이 같은 노력의 결과, 할루시네이션 현상이 점점 줄고는 있지만 여전히 문제는 발생하고 있습니다. 어쩌면, 현재의 인공지능 모델을 계속해서 사용할 경우 할루시네이션은 극복하지 못할 수도 있지요.

챗GPT 화면의 하단에는 다음과 같은 글이 있습니다. "챗GPT는 실수를 할 수 있습니다. 중요한 정보를 확인하세요." 이 문구로 챗GPT는 실수에서 책임을 면하겠지만, 사용자는 그로 인해 발생하는 문제에서 자유로울 수 없을 것입니다.

프라이버시

인공지능으로부터
사생활을 지켜낼 수 있을까?

케임브리지 애널리티카Cambridge Analytica 스캔들에 대해 들어본 적 있나요? 이 사건
은 2016년 미국의 대선 기간, 정치 컨설팅 회사인 케임브리지 애널리티카가 페이스
북 사용자 약 8,700만 명의 데이터를 무단으로 수집해 정치 광고 등에 활용한 대규모
정보 유출 사건입니다. 이 사건은 개인 데이터를 기반으로 유권자의 심리까지 조작
해 선거에 영향을 줬다는 점에서 큰 파장을 불러일으켰습니다. 페이스북의 CEO 마
크 저커버그가 청문회에 불려 가고, 페이스북의 모회사 메타는 천문학적인 배상금을
지급했죠.

이처럼 정보 기술과 인공지능 기술이 발달함에 따라 점점 더 많은 프라이버시 침
해가 발생하고 있습니다. 기본적으로 인공지능은 막대한 양의 데이터를 수집합니다.
이 과정에서 개인의 민감한 정보가 포함될 수 있지요. 또한, 인공지능은 수집된 데이
터를 바탕으로 개인의 행동을 예측하거나 분석합니다. 이는 개인의 프라이버시를 침
해하는 결과를 초래합니다. 케임브리지 애널리티카 사건은 데이터 분석 기술이 개인
의 프라이버시를 얼마나 심각하게 침해할 수 있는지를 보여주는 대표 사례입니다.

보안 취약점으로 인해 프라이버시가 침해되는 경우도 많습니다. 인공지능 시스
템이 해킹되거나 데이터 유출이 발생하면, 개인 정보가 노출되는데요. 대표적인 사
례가 구글 스트리트 뷰Street View 보안 논란입니다. 스트리트 뷰를 완성하기 위해서
는 와이파이 수신 장치가 부착된 카메라를 설치한 차량이 거리 사진을 찍습니다. 그

인공지능의 데이터 수집에 따른 프라이버시 침해는 큰 문제가 되고 있습니다.

런데 이 차량이 사진을 촬영하면서 무단으로 수집한 와이파이 신호에 불특정 다수의 개인정보가 포함되어 있었습니다. 구글은 이 사건으로 큰 곤욕을 치르게 되죠. 아마존의 홈 시큐리티 카메라인 링Ring 역시 해킹을 당해 해커들이 카메라를 통해 집안을 감시하고, 심지어 가족과 대화를 시도하는 일까지 벌어지기도 했습니다.

문제는 앞으로 인공지능과 관련된 프라이버시 문제가 더욱 심각해질 수 있다는 것이지요. 앞으로 더 정교하고 다양한 형태의 데이터 수집이 진행될 것입니다. 또한, 얼굴 인식, 음성 인식 등 생체 인식 기술 발전으로 프라이버시를 침해할 수도 있죠. 게다가 집안의 많은 기기들이 인터넷과 인공지능 시스템에 연결되어 있어 쉽게 해킹의 표적이 될 수도 있습니다.

인공지능으로 인한 프라이버시 침해 문제는 반드시 해결해야 할 과제입니다. 이를 해결하기 위해 강력한 법적 규제와 함께 기술적 방안도 필요합니다. 기업과 정부가 인공지능을 도입하면서 우리의 사생활을 침해하지는 않는지 두 눈 부릅뜨고 지켜봐야 합니다.

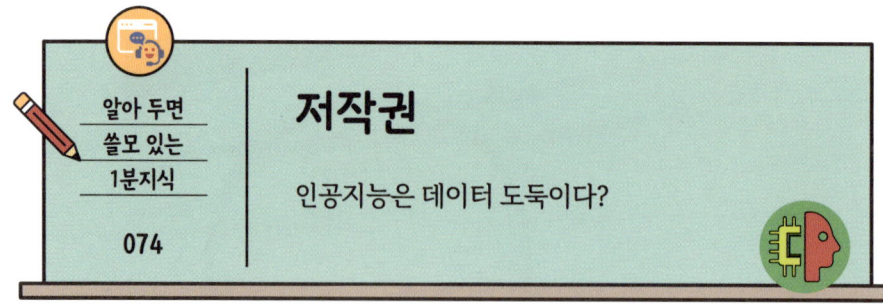

저작권

인공지능은 데이터 도둑이다?

2023년 7월, 구글은 약관을 업데이트하며 공개적으로 사용할 수 있는 데이터를 인공지능 모델의 학습을 위해 사용할 수 있다고 명시했습니다. 즉 구글은 번역, 텍스트 생성, 이미지 분류 등 다양한 인공지능 활용 서비스를 위해 온라인에 게시된 모든 데이터를 수집할 수 있다고 선언한 것인데요. 이에 한 IT 매체는 다음과 같이 비판했습니다. "구글은 인터넷 전체를 자신들의 AI 놀이터라고 생각한다. 모든 데이터를 수집하고 활용할 권리가 자신들에게 있는 것처럼 행동한다."

이 문제가 구글에만 해당할까요? 구글이 운영하는 인공지능뿐만 아니라 다수의 인공지능 모델은 성능 향상을 위해 인터넷에 공개된 데이터를 광범위하게 수집합니다. 이 과정에서 저작권을 침해하는 경우가 다수 발생하지요. 실제 법적 소송으로 이어지는 경우도 늘고 있습니다.

미국의 한 법률회사는 오픈AI가 불법적으로 이미지 데이터는 물론 금융 데이터까지 수집했다며 소송을 제기했습니다. 그림 생성 인공지능 모델을 제공하는 스태빌리티 AIStability AI 역시 이미지 플랫폼인 게티이미지gettyimages 사진 수백만 장을 무단 사용한 혐의로 소송을 당했습니다. 역동적인 축구선수들의 경기 장면을 촬영한 게티이미지 사진을 원작자 동의 없이 AI 모델 학습에 활용했고, 이로 인해 유사한 '가짜' 이미지를 양산했다는 것입니다. 여러분도 인터넷에서 관련 기사를 찾아보면 두 이미지가 얼마나 비슷한지 확인할 수 있습니다.

인공지능은 성능 향상을 위해 인터넷에 공개된 데이터를 광범위하게 수집합니다.

생성형 인공지능에 대응하기 위한 플랫폼들의 대응도 이어집니다. 미국 최대 커뮤니티 사이트인 레딧Reddit은 자사 게시글을 인공지능이 무단으로 가져가는 것을 막기 위해 데이터에 접근하는 업체에 비용을 지불할 것을 요청합니다. X이전 트위터 역시 자사 게시글을 인공지능이 가져갈 때마다 요금을 부여하는 방식을 도입했습니다. X의 수장인 일론 머스크는 마이크로소프트가 데이터를 무단으로 사용한다고 비난을 하기도 했죠. 하지만 뭔가 이상하지 않나요? 레딧이나 X에 글을 쓰는 건 사용자인데, 인공지능이 사용자의 글을 학습하면서 지불하는 비용은 회사로 갑니다.

이러한 현실을 꼬집은 연구가 최근 발표된 바 있습니다. 이에 따르면, 우리는 모두 빅테크의 데이터 노동자라는 건데요. 우리가 인터넷에 남기는 데이터는 인공지능 모델의 밑바탕이 되어 영원히 남게 된다는 거죠. 구글 포토에 올리는 사진, 레딧에 남긴 댓글, 온라인 검색 등 우리가 일상적으로 제공하는 데이터를 이용해 빅테크 기업들은 수익을 창출하고 있습니다.

인공지능 발전으로 저작권에 대한 논란이 함께 증가하고 있습니다. 빅테크 기업들이 데이터를 수집하고 사용하는 방식은 더욱 투명하고 공정하게 운영되어야 하며, 이에 대한 법적 규제와 사회적 논의가 필요합니다.

블랙박스

인공지능의 결정 과정을 모른다면
책임은 누구에게 있을까?

블랙박스Blackbox는 원래 항공기 비행 기록장치와 조종실 녹음장치를 넣어둔 금속 박스로, 항공기 사고 발생 시 원인을 파악하는 데 이용됩니다. 그 내용을 쉽게 열어볼 수 없다는 점에서 '블랙박스'라고 불리지만, 실제로는 사고 시 쉽게 찾을 수 있도록 붉은색이나 오렌지색을 띠고 있지요. 오늘날에는 자동차의 주행 모습을 촬영하는 기기를 블랙박스라 부르기도 합니다.

그런데 인공지능에서의 블랙박스는 조금 다른 의미로 사용됩니다. 여기서는 인공지능 시스템이 어떻게 결정을 내리는지, 그 과정을 이해하기 어렵다는 뜻을 담아 사용하는데요. 마치 밀폐된 상자 속에서 무슨 일이 일어나고 있지만, 우리는 그 내부를 들여다볼 수 없는 것과 같습니다. 즉, 인공지능이 자신만의 연산 과정을 통해 결론을 내려줬지만, 우리는 그 결론이 '어떻게' 나온 건지 파악하기 힘들다는 거죠.

인공지능이 이와 같은 블랙박스 문제를 겪게 된 이유는 무엇일까요? 가장 큰 원인은 딥러닝이 매우 복잡하기 때문입니다. 딥러닝은 수백만 개에서 수천만 개의 변수를 연결해 연산이 진행되는 매우 복잡한 수학적 모델을 사용합니다. 이 과정이 너무 복잡해서 인간이 모든 과정을 이해하거나 설명하기 어렵습니다. 또한 최근 인공지능이 활용하는 데이터가 고차원인 것도 블랙박스가 발생하는 또 하나의 이유입니다. 인공지능은 많은 데이터를 처리하는데, 예를 들면 이미지 인식 인공지능은 수천에서 수만 개의 픽셀 데이터를 분석합니다. 이러한 고차원 데이터를 인간이 직관적

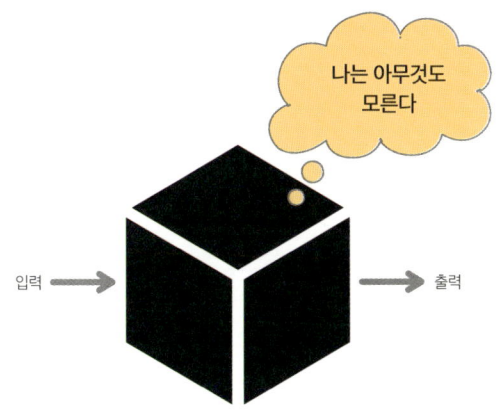

나는 아무것도
모른다

입력 ➝   ➝ 출력

인공지능이 특정 결정을 내리는 이유를 알 수 없다면, 그 결정을 신뢰할 수 있을까?

으로 이해하는 것은 쉽지 않지요.

블랙박스가 발생하면 무엇이 문제일까요? 가장 큰 문제는 누가 책임을 질 것인가입니다. 만약 인공지능이 잘못된 결정을 내렸을 때, 그 책임은 누구에게 있을까요? 자율주행차가 사고를 일으켰다면, 차의 소유자, 제조사, 아니면 인공지능 알고리즘을 개발한 사람 중 누가 책임을 져야 할까요?

또 하나의 문제는 투명성이 부족하다는 것입니다. 인공지능이 어떤 이유로 특정 결정을 내렸는지 알 수 없다면, 그 결정을 신뢰하기 어렵습니다. 의료 인공지능이 치명적인 병이라고 진단을 내렸지만 그 과정을 알 수 없다면, 이 결과를 온전히 받아들일 수 있을까요? 정책을 결정하는 과정에서 인공지능이 내린 결론을 따르게 된다면, 이로 인해 피해를 보는 집단에서는 이 결론을 수용할 수 있을까요?

인공지능의 블랙박스 문제는 큰 도전 과제 중 하나입니다. 이를 해결하기 위해 다양한 연구와 노력이 계속되고 있으며, 언젠가는 누구나 쉽게 이해할 수 있는 인공지능 시스템이 개발될 날이 올 것으로 기대하고 있습니다.

트롤리 딜레마

윤리적 딜레마를
인공지능은 어떻게 해결할까?

트롤리 딜레마Trolley Dilemma는 철학자 필리파 풋Philippa Foot(1920~2010)이 제시한 윤리적 딜레마입니다. 마이클 샌델Michael Sandel(1953~)이 쓴 저서 『정의란 무엇인가』에 사례로 등장해 더 잘 알려졌지요. 그럼 트롤리 딜레마는 무엇일까요? 여기서 가정하는 상황은 다음과 같습니다.

한 트롤리 전차가 제어할 수 없는 상태로 다섯 명의 사람이 있는 선로를 향해 달리고 있습니다. 당신은 레버를 당겨 전차의 진행 방향을 결정할 수 있습니다. 한쪽 선로에는 네 명이 있고, 다른 한쪽에는 한 명이 있습니다. 이때 당신은 어느 쪽을 선택하겠습니까?

이 딜레마는 생명을 구하기 위해 일부를 희생하는 것이 도덕적으로 정당한지에 대한 문제를 제기합니다. 이로 인해 파생된 다양한 토론 주제들도 있습니다. 인공지능이 발달하면서 트롤리 딜레마는 인공지능 분야에서도 화두로 떠오릅니다. 특히 자율주행 자동차의 등장으로 인공지능이 사람의 생명을 다루는 상황에서 어떤 결정을 내려야 하는지에 대한 문제가 대두되었습니다.

자율주행 자동차는 사고를 피할 수 없는 상황에서 누구의 생명을 보호해야 할지를 결정해야 합니다. 자동차가 보행자와 운전자 중 누구의 안전을 우선시할 것인지 결정해야 하는 상황이 벌어질 수도 있는 거죠. 예를 들어 차도에 어린아이가 갑자기 튀어나왔다고 해봅시다. 자율주행 자동차가 어린아이와 충돌한다면 아이는 크게 다

더 많은 생명을 구하기 위해 일부를 희생해도 괜찮은 걸까?

치겠지만, 운전자에게는 큰 피해가 없을 것입니다. 반대로, 자동차가 어린아이를 피해 도로를 벗어나게 된다면 아이는 무사하지만, 운전자가 크게 다치겠지요. 이와 같은 문제를 연구하는 학자들은 자율주행 자동차가 피할 수 없는 사고 상황에서 도덕적 판단을 내릴 수 있도록 프로그래밍이 되어야 한다고 주장합니다. 또한, 다양한 사고 시나리오를 분석하여 특정 상황에서 어떤 결정을 내려야 할지에 대한 가이드라인을 만들자는 목소리도 커지고 있습니다.

이러한 자율주행 자동차의 윤리적 딜레마는 실제 사례에서도 나타나고 있습니다. 테슬라나 우버의 자율주행 자동차에서 벌어진 사고로 목숨을 잃는 피해자가 생기기도 했지요. 이로 인해 자율주행 기술의 안전성에 대한 의문 제기와 함께, 인공지능이 어떻게 도덕적 결정을 내려야 하는지에 대한 논쟁도 촉발되었습니다. 앞으로 인공지능 기술이 더욱 다양한 분야에 접목되면서 자율주행 분야뿐만 아니라 다른 분야에서도 윤리적 딜레마가 발생할 것입니다. 이와 같은 도덕적 딜레마 해결을 위한 논의가 더욱 중요해질 것으로 보입니다.

킬러 로봇

인공지능에게 생명을 빼앗을 권한을 줘도
괜찮을까?

영화 〈아이언맨〉에는 인공지능 자비스가 등장합니다. 영화에서 자비스는 테러범만을 지목한 뒤, 총알을 발사해 인질을 구출하는 멋진 활약을 펼칩니다. 하지만 이런 생각을 해본 적이 있나요? 인공지능이 테러범을 지목하며 우리에게 방아쇠를 당길 것을 지시합니다. 그에 따라 방아쇠를 당겼는데 테러범으로 인식된 사람 중 민간인이 있었습니다. 그럼, 책임은 누가 져야 할까요?

그런데 이런 이야기가 비단 상상만은 아닙니다. 현재 우리가 사는 지구에서도 인공지능이 인명을 살상하는 데 활용되고 있습니다. 러시아와 우크라이나 전쟁에서 인공지능을 탑재한 드론이 맹활약하고 있다는 이야기는 뉴스에서 들어 보았을 것입니다. 그런데 러시아가 사용한 자율 드론이 인간의 개입 없이 공격을 감행했을 가능성이 있으며, 일부 자폭 드론은 스스로 표적을 판별해 공격했다는 의심을 받고 있어 큰 논란이 일고 있습니다. 특히, 피해자 중 일부는 민간인이어서 더 논란이죠.

이처럼 인간의 직접적인 조작 없이 목표를 식별하고 공격하는 자율 무기 시스템인 킬러 로봇Killer Robot에 대한 우려가 커지고 있습니다. 킬러 로봇은 여러 센서와 인공지능 알고리즘을 사용해 주변 환경을 분석하고, 목표를 식별하여, 가장 효과적인 방식을 선택합니다. 이러한 기술은 전투에서 인간의 개입을 최소화하고, 위험을 줄이고 있다는 장점이 있지만, 통제 불가능한 상황이 발생할 수 있다는 점에서 큰 우려를 낳고 있습니다.

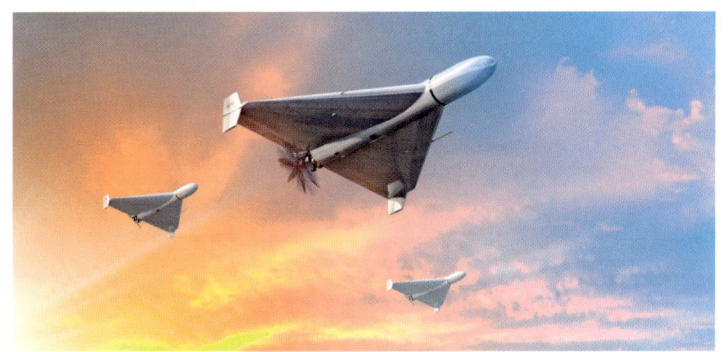

러시아가 우크라이나 공격에 사용한 자폭 드론 샤헤드 136

킬러 로봇은 여러 윤리적, 법적 문제를 제기합니다. 먼저, 가장 큰 문제는 인공지능이 인간의 생명을 앗아갈 수 있는 권한을 가져야 하는가에 관한 것이지요. 킬러 로봇은 기본적으로 인간의 통제를 받지만, 특수한 상황에서는 스스로 판단을 내리게 되어 있습니다. 즉, 인간의 허가 없이 다른 인간을 사살할 수 있다는 것이지요. 또한, 전시 상황에서 적군을 막기 위한 킬러 로봇이라 할지라도, 민간인 오폭의 위험이 크다는 점도 문제입니다. 이러한 문제들은 아직 명확한 해결책을 찾지 못하고 있습니다.

그 사이, 킬러 로봇과 같은 인공지능을 탑재한 무기는 이미 전장에 활용되고 있습니다. 앞서 본 것처럼 러시아와 우크라이나 전쟁 외에도, 리비아 내전에 사용된 드론 또한 자율적으로 사람을 공격했다는 보고가 있었습니다. 관련 기술도 더욱 발전하고 있습니다. 이스라엘의 한 방산업체가 개발한 소총 조준경은 600야드(약 549미터) 이상의 거리에서 인간 표적 탐지가 가능합니다. 미국 국방부 역시 전쟁의 의사결정에 활용되는 킬 체인kill chain에 인공지능을 활용하는 것으로 알려져 있지요.

인공지능의 빠른 발전으로 인해, 인공지능은 사람의 생사와 관련된 임무에도 투입되고 있습니다. 인공지능이 적당한 선을 넘지 않고, 인류가 최소한의 책임을 다할 수 있도록 사회적 공감대 합의 및 제도 마련이 시급합니다. 이미 2024년 지구에서는 인공지능이 사람을 죽이고 있습니다.

로봇 3원칙

로봇이 반드시 지켜야 할 원칙이 있다고?

과학 소설SF의 거장 아이작 아시모프Issac Asimov(1920~1992)의 유명한 로봇 시리즈는 로봇과 인공지능에 대한 우리의 생각을 바꾸어 놓았습니다. 특히 그는 로봇이 인간을 어떻게 대해야 하는지에 대한 원칙을 세웠는데, 이것이 바로 '로봇 3원칙Three Laws of Robotics'입니다. 이 원칙들은 로봇이 반드시 지켜야 하는 원칙으로, 로봇이 안전하고 윤리적으로 작동하도록 해줍니다.

첫 번째 원칙은 다음과 같습니다. '로봇은 인간에게 해를 입혀서는 안 된다. 그리고 위험에 처한 인간을 모른 척해서도 안 된다.' 이 원칙은 로봇이 인간을 보호해야 한다는 기본 윤리를 담고 있습니다. 예를 들어 로봇이 길에서 차가 오는 것을 본다면, 인간이 다치지 않도록 경고하거나 도와야 합니다.

두 번째 원칙은 다음과 같습니다. '제1원칙에 위배되지 않는 한, 로봇은 인간의 명령에 복종해야 한다.' 이 원칙은 로봇이 인간의 명령을 따라야 한다는 것입니다. 하지만 여기서 중요한 점은 이 명령이 첫 번째 원칙을 어기지 않는 범위 내에서만 유효하다는 것입니다. 예를 들어 누군가 로봇에게 다른 사람을 해치라고 명령하면, 로봇은 이 명령을 따를 수 없습니다.

세 번째 원칙은 다음과 같습니다. '제1원칙과 제2원칙에 위배되지 않는 한, 로봇은 자기 자신을 보호해야 한다.' 이 마지막 원칙은 로봇 자신을 보호해야 한다는 것입니다. 로봇이 스스로를 보호할 수 있는 권리를 주는 거죠. 단, 첫 번째와 두 번째 원칙

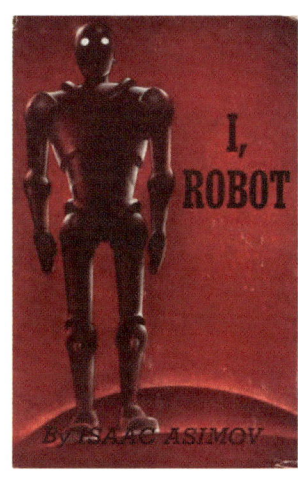

아이작 아시모프의 대표작 『아이, 로봇』 초판본 표지와 '로봇 3원칙'

을 어기지 않는 범위 내에서만 가능합니다. 즉, 인간의 안전이 제일 중요하고, 그 다음이 인간의 명령, 마지막이 로봇의 안전입니다.

시간이 지나면서 아시모프는 로봇의 역할과 책임에 대해 더 깊이 생각하게 되었고, 새로운 원칙인 '제0원칙'을 추가합니다. '로봇은 인류에게 해를 입혀서는 안 된다.' 이 제0원칙은 로봇이 인류 전체를 보호해야 한다는 것입니다. 로봇 3원칙이 순차적으로 발전하게 된 이유는 아시모프가 로봇이 인간 사회에 미치는 영향을 깊이 고민했기 때문입니다. 처음에는 개별 인간의 안전을 생각했고, 그다음에는 인간의 명령과 로봇의 안전을 고민했으며, 마지막으로는 인류 전체의 이익을 생각하게 된 것입니다.

참고로 로봇 3원칙이 나오게 된 시기는 1940년대입니다. 지금도 인공지능과 로봇에 대한 윤리 문제가 부각될 때면, 아시모프의 로봇 3원칙을 참고해야 한다는 이야기가 먼저 나옵니다. 로봇과 인공지능이 우리 삶에 점점 더 깊숙이 들어오고 있는 지금, 아시모프의 이 원칙들은 그 어느 때보다도 중요한 의미가 있습니다.

아실로마 인공지능 원칙

인공지능도 지켜야 할 윤리 원칙이 있다?

영화에서 보던 인공지능이 현실이 되어가면서 우리는 인공지능이 가져올 미래에 대해 기대와 우려를 동시에 가지게 되었습니다. 특히, 인공지능을 우려하는 측에서는 인공지능에 대한 윤리적 가이드가 필요한 것이 아니냐는 목소리를 내게 되었죠. 그래서 2017년, 세계적인 인공지능 전문가들이 모여 '아실로마 인공지능 원칙Asilomar AI Principles'을 제정했습니다. 이 원칙은 인공지능 기술이 안전하고 윤리적으로 발전하도록 가이드라인을 제공합니다.

아실로마 인공지능 원칙은 미국 캘리포니아 아실로마에서 열린 AI 컨퍼런스에서 제정된 23개의 지침입니다. 이 컨퍼런스에는 과학자, 연구자, 기업가, 윤리학자 등이 참석했지요. 이들은 인공지능이 인류에게 유익하게 사용되도록 돕는 일종의 규칙을 만들었다고 볼 수 있습니다. 아실로마 인공지능 원칙에 지지 서명을 남긴 유명인으로는 물리학자인 스티븐 호킹, 테슬라의 일론 머스크, 구글 딥마인드의 데미스 하사비스 최고경영자 등이 있습니다.

아실로마 인공지능 원칙은 다음과 같은 원칙들을 다루고 있습니다. 먼저 연구에 대한 투명성을 요구합니다. 인공지능 연구는 투명하게 이루어져야 하며, 연구 결과와 방법을 공개하자고 이야기하고 있습니다. 또한 인공지능 연구가 인류 전체의 복지를 증진할 수 있도록, 공익을 위해야 한다는 점도 담고 있습니다. 그리고 앞서 살펴본 인공지능 발전에 따른 문제점인 프라이버시 침해를 막아야 한다는 점도 강조하

2017년 세계적인 전문가들이 모여 인공지능에 대한 윤리적 가이드 아실로마 인공지능 원칙을 제정했습니다.

고 있습니다. 인공지능 개발자에게는 윤리적 사고를 요구하고 있으며, 인공지능 시스템은 신뢰성과 안전성을 최우선으로 설계되어야 한다는 점도 명시하고 있습니다.

아실로마 인공지능 원칙은 다수의 관계자가 한목소리로 인공지능 윤리를 강조한 첫 번째 움직임이었다는 점에서 큰 의의가 있습니다. 아실로마 인공지능 원칙을 시작으로 유엔은 글로벌 AI 거버넌스를 구축하고 있으며, 유럽은 AI 관련 법안을 통과시켰습니다. 미국 역시 AI와 관련된 규칙을 다루는 법을 추진하고 있죠. 최근에는 인공지능의 안전을 보장할 방안을 논의하는 정상회담도 진행되고 있습니다.

아실로마 인공지능 원직을 시작으로 진 세계는 인공지능의 밝은 미래를 향한 논의를 시작했습니다. 인공지능의 발전이 우리의 삶을 더 나은 방향으로 이끌 수 있도록, 우리는 아실로마 인공지능 원칙을 이해하고 준수해야 합니다. 또한, 여기서 더 나아가 계속해서 벌어지는 위협적인 이슈에 대응할 방안을 국제적으로 공조해 대책을 수립해야 합니다.

환경 문제

인공지능이 기후 변화에 영향을 준다고?

2024년, 한 매체는 마이크로소프트와 오픈AI가 인공지능용 대형 데이터센터 구축을 위해 최대 1,000억 달러(약 130조 원)를 투자할 것으로 전망했습니다. 이처럼 인공지능을 구현하기 위해서는 막대한 예산이 드는 대규모 데이터센터가 필수입니다. 학습용 데이터도 저장해야 하고, 연산을 구동할 서버도 마련해야 하죠. 다른 빅테크 기업들도 이와 유사한 규모의 투자를 단행하며, 데이터센터 구축에 박차를 가하고 있습니다. 하지만 이 데이터센터 때문에 발생하는 환경 문제가 어마어마하다는 사실, 알고 있나요?

데이터센터는 인공지능 모델을 포함한 다양한 디지털 서비스를 제공하기 위해 대규모의 서버를 운영합니다. 이 서버들은 막대한 양의 데이터를 처리하기 때문에 전력 소비가 상당하죠. 전 세계 데이터센터의 전력 소비는 2022년 기준, 460테라와트시TWh에 이릅니다. 이는 전체 전력 소비의 약 2퍼센트를 차지하며, 작은 국가의 전력 소비량과 비슷한 수준입니다. 그런데 이보다 더 큰 문제가 있습니다. 서버에서 발생하는 열을 냉각하는 데 추가적인 에너지가 필요하다는 것입니다. 실제로 데이터센터의 에너지 소비 중 약 40퍼센트는 냉각 시스템에 사용됩니다.

챗GPT 같은 대규모 인공지능은 이처럼 학습과 운영에 막대한 양의 에너지를 필요로 합니다. 이러한 에너지 소모는 자연스레 운영 비용과 연결이 되지요. 2023년 기준으로 오픈AI가 챗GPT를 운영하는 데 매일 70만 달러(약 9억 원)가 드는 것으로 추

대규모 인공지능은 학습과 운영에 막대한 양의 에너지를 사용해 탄소 배출을 증가시킵니다.

정하고 있습니다. 챗GPT의 트래픽이 계속 증가 추세임을 감안하면 운영 비용은 지금보다 더 많아지겠지요? 더 흥미로운 연구 결과는 챗GPT가 사용하는 물의 양입니다. 챗GPT와 한 번 대화를 나누는 데 물 500밀리리터가 소요된다고 합니다. 챗GPT가 대화하다 목이 말라서 물을 마시지는 않았을 텐데 대체 물은 어디서 사용되었을까요? 바로 서버를 냉각하는 데 사용합니다.

이처럼 인공지능 모델로 인해 데이터센터는 전력을 많이 사용하는데요. 이는 자동으로 탄소 배출을 증가시킵니다. 즉, 지구 온난화와 기후 변화에 인공지능이 직접적인 영향을 미칠 수 있다는 것이죠. 실제 데이터센터에서 배출하는 탄소 배출량은 약 2억 톤으로, 전 세계 항공 산업의 탄소 배출량과 비슷한 수준입니다. 더 큰 문제는 앞으로 인공지능이 더욱 거대화되면서 사용하는 전기도, 배출할 탄소도 많아질 것이라는 점이지요. 이러한 문제가 제기되자 구글과 마이크로소프트 같은 기업은 데이터센터 운영에 100퍼센트 재생 에너지를 사용하겠다는 목표를 세우고 있습니다.

인공지능과 데이터센터는 이제 우리 사회에서 필수재로 자리 잡고 있습니다. 하지만 그 이면에는 환경에 미치는 부정적인 영향이 있습니다. 이를 해결하기 위한 방안 마련에 모두가 발 벗고 나서야 합니다.

빅테크 기업이 노동 착취를 하고 있다고?
_데이터 어노테이터

과거 많은 제조 기업들은 비용 절감을 위해 생산 공장을 개발도상국에 설립했습니다. 이 과정에서 현지 노동자들은 저임금과 열악한 근무 환경에 시달렸으며, 심지어 미성년자까지 심각한 노동 착취를 당하곤 했습니다. 이러한 문제가 밝혀지자, 국제 사회의 비난이 이어졌고, 노동 환경은 조금씩 개선되었습니다. 그런데 최근 새로운 형태의 노동 착취가 인공지능 산업에서 벌어지고 있다는 사실이 밝혀져 해당 기업을 향한 비난이 쏟아졌습니다.

비난의 대상은 오픈AI를 비롯한 빅테크 기업들입니다. 이들은 케냐, 에티오피아 등의 국가에서 인공지능 모델이 차별, 혐오 발언, 성적 학대 관련 콘텐츠를 걸러내도록 돕는 데이터 어노테이터Data Annotator를 고용했습니다. 하지만 이 과정에서 노동자들의 시간당 임금은 1.32~2달러에 불과했지요. 하지만 문제는 저임금만이 아니었습니다. 고용된 이들은 인터넷상에서 찾을 수 있는 유해한 콘텐츠에 여과 없이 노출되었으며, 이는 심각한 정신적 충격을 유발했습니다.

데이터 어노테이터의 주된 업무는 모델 학습에 필요한 데이터에 레이블을 붙이는 것입니다. 또한 모델의 출력 결과를 검증하는 것 역시 이들의 업무지요. 이처럼 데이터 어노테이터들은 인공지능 모델 개발의 전 과정에 걸쳐 매우 중요하고 꼭 필

데이터 어노테이터는 인공지능 발전에 꼭 필요하지만, 저임금 노동 착취 문제에 직면해 있습니다.

요한 역할을 수행합니다. 오픈AI는 여기에 인공지능 모델의 유해성을 줄이는 작업을 더했습니다. 하지만 그렇다고 해서 오픈AI의 노동력 착취가 정당화될 수 있을까요? 다른 방법은 없었을까요? 그저 가장 간단하고 비용이 덜 드는 방법을 택한 것은 아니었을까요?

유력 언론인 타임지에 이와 관련한 보도가 나간 후 비난이 거세지자 결국 오픈AI는 이 작업을 중단하기에 이릅니다. 하지만 문제는 이런 사례가 오픈AI에만 있는 것이 아니라는 점입니다. 구글, 메타, 마이크로소프트 등의 기업 역시 데이터 레이블을 만들기 위해 아프리카나 인도 등에서 직원을 고용한 것으로 알려졌습니다.

인공지능의 데이터 작업에 투입된 노동자들은 오늘날 인공지능이 발전하는 데 숨은 공로자들이지만, 그들이 처한 열악한 근무 환경과 저임금 문제는 반드시 해결해야 할 중요 과제입니다. 인공지능 기술의 발전은 결국 인간을 이롭게 하기 위함인데 그 과정에서 인간의 삶을 위협하는 문제가 발생하고 있는 것입니다. 이들의 처우 개선 및 권익 보호를 위한 방안 수립에 더욱 신경을 써야 할 때입니다.

9장

대중문화 속 인공지능

- ☑ 아이, 로봇
- ☐ 2001: 스페이스 오디세이
- ☐ 터미네이터
- ☐ 공각기동대
- ☐ 2020 우주의 원더키디
- ☐ 매트릭스
- ☐ 아이언맨
- ☐ 그녀
- ☐ 미션 임파서블 7
- ☐ 디트로이트: 비컴 휴먼

아이, 로봇

로봇 기술 발전에서
가장 중심에 두어야 할 것은?

1942년, 전설적인 SF 작가 아이작 아시모프는 아홉 종류의 로봇을 각각의 주제로 담아 낸 단편 모음집 『아이, 로봇I. Robot』을 통해 로봇과 인간 간의 상호작용에 대한 윤리적 개념을 제시했습니다. 그중 세 번째 단편 「스피디-술래잡기 로봇Runaround」에 앞서 살펴본 '로봇 3원칙'이 등장하는데, 이는 여전히 로봇과 인공지능이 지켜야 할 윤리 원칙으로 통용되고 있지요.

아시모프의 SF 소설은 주로 로봇과 인간 사이의 상호작용, 그리고 로봇의 존재와 행동에 대한 윤리적 문제를 다룹니다. 그의 작품에서 로봇은 단순한 기계나 악의적인 존재로 묘사되지 않습니다. 오히려 인간다운 복잡한 존재로 그려지며, 인간과 상호작용하며 발생하는 다양한 문제들을 고민하지요. 로봇을 바라보는 아시모프의 따뜻하고 인간적인 시선을 느낄 수 있습니다.

다시 『아이, 로봇』을 살펴보면, '로봇 3원칙'은 원래 그 이름처럼 세 가지 원칙이었으나 이후에 '제0원칙'이 등장하며 업그레이드됩니다. '로봇이 인류에게 해를 입혀서는 안 된다'는 제0원칙을 추가하며 아시모프는 로봇이 사회에 널리 쓰이게 될 미래를 상상했습니다. 그가 그린 세계에서 로봇은 인간을 초월하게 되지만, 로봇 3원칙 그리고 제0원칙에 따라 인류를 위해 끝까지 헌신합니다. 작중 로봇들은 위대한 리더로서 인간을 돕기 위해 역사의 뒤편으로 물러나며, 인간을 해칠 생각을 전혀 하지 않습니다.

아이작 아시모프의 SF 소설을 원작으로 한 영화 〈아이, 로봇〉 중 한 장면

이 작품은 소설도 유명하지만, 영화로도 유명합니다. 2004년 개봉한 영화 〈아이, 로봇〉은 아시모프의 원작에서 영감을 받았습니다. 영화는 원작의 여러 단편을 참고해 새로운 이야기를 만들어 냅니다. 영화 속에서 로봇은 인간의 명령을 따르는 존재로 등장하지만, 점차 자아를 찾고 인간과 갈등을 겪게 되죠. 원작의 철학적 깊이를 그대로 담아 내지는 못했지만, 시각적으로 미래 로봇과 도시의 모습을 감각적으로 보여주며 관객에게 많은 사랑을 받았습니다.

『아이, 로봇』은 단순한 SF 소설을 넘어 현대 인공지능 시대를 살아가는 우리에게 중요한 메시지를 전달합니다. 그는 로봇과 인간의 관계를 정의할 때 인간을 중심으로 삼았습니다. 인간을 배려하는 토양 위에서 발전한 로봇 기술 덕분에 로봇이 인간의 제어 영역 밖으로 나아가더라도 인간은 소외되지 않았습니다. 이는 인공지능으로 인해 촉발된 현대의 많은 갈등과 고민거리를 80년 전에 예견한 아시모프의 혜안입니다. 인공지능 시대를 살아갈 우리가 다양한 고전에 눈을 돌려봐야 할 이유도 바로 여기에 있을 것입니다.

2001: 스페이스 오디세이

인공지능에 제어 불가능한 오류가
발생한다면?

"I'm sorry Dave, I'm afraid I can't do that."
데이브, 미안합니다. 유감이지만 그럴 수 없습니다.

이 대사는 미국 영화 협회가 선정한 악역 14위이자, 영화 평론 방송 〈노스탤지어 크리틱〉이 선정한 무서운 연기 1위로 꼽히는 명장면을 만든 인공지능 HAL9000의 가장 유명한 대사입니다. 이 인공지능은 세계적인 SF 작가 아서 C. 클라크Arthur C. Clarke(1917~2008)의 단편소설 「파수병The Sentinel」을 기반으로 한 스탠리 큐브릭 감독의 영화 〈2001: 스페이스 오디세이2001: A Space Odyssey〉에 등장합니다. 1968년 미국에서 최초로 개봉했으며, SF 영화 역사상 최고의 걸작으로 평가받고 있지요.

극 중에서 HAL9000은 우주선의 모든 작업을 감독하는 인공지능입니다. 무감각해 보이는 빨간 렌즈로 대표되는 HAL9000은 등장할 때마다 배경 음악이 사라져 관객에게 긴장감을 줍니다. 그렇다고 마냥 무서운 존재는 아닙니다. HAL9000은 '그'로 지칭되며, 탐사 대원들에게 늘 친절합니다. 예를 들어 탐사 대원 프랭크 풀과 벌인 체스 대결에서 이긴 후 예의 바르게 인사하거나, 선장 데이비드 보먼의 예술적 재능을 칭찬하기도 하지요.

하지만 HAL9000은 임무 완수를 위해 냉혹해집니다. 물론 '냉혹해진다'는 것도 인간의 관점이겠지만요. HAL9000은 자신에게 주어진 임무를 완수하기 위해 승무

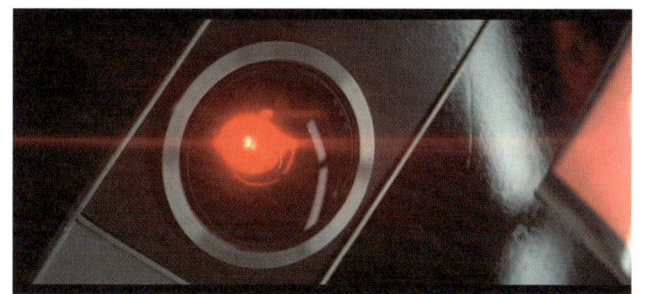

영화 〈2001: 스페이스 오디세이〉에 등장하는 냉혹한 인공지능 HAL 9000

원들을 살해하기 시작합니다. 동면 중인 승무원을 먼저 살해하고, 함께 체스 대결을 했던 풀을 우주 공간으로 보내 죽음을 맞게 합니다. 마지막으로 우주선에 갇힌 데이비드를 살해하려고 하며 이때 서두에 언급한 명대사를 남깁니다. 마치 영화 〈양들의 침묵〉 속 한니발처럼 자신의 폭력 행위에 대해 매너 있게 사과는 하지만, 살인을 멈추지는 않습니다. HAL9000이라는 인공지능의 냉혹한 면모를 알 수 있는 명장면이지요. 참고로 〈양들의 침묵〉에서 한니발 역을 맡은 앤서니 홉킨스가 연기를 위해 HAL9000을 참고했다고 합니다. 그리고 한니발은 미국 영화 협회 선정 역대 악역 1위에 오릅니다.

〈2001: 스페이스 오디세이〉는 역대 최고 SF 영화를 넘어 영화 역사상 최고의 걸작으로 여전히 회자됩니다. 지금 봐도 촌스럽지 않은 완성도는 물론이고, 완벽한 음악 연출과 영화 전반을 관통하는 철학까지 우리에게 많은 생각거리를 안겨줍니다. 특히, HAL9000은 냉혹하면서도 섬뜩한 연기를 통해 수많은 찬사와 패러디의 대상이 되었고, 그를 오마주한 작품도 많이 등장했습니다. 크리스토퍼 놀란 감독의 영화 〈인터스텔라〉에 등장하는 인공지능 로봇이 HAL9000을 쏙 빼닮았지요. HAL9000은 이후 등장할 수많은 기계적 오류를 일으키는 인공지능의 시초라 해도 과언이 아닙니다. 우리가 인공지능의 미래를 생각할 때 항상 염두에 두어야 할 중요한 이정표가 바로 HAL9000과 〈2001: 스페이스 오디세이〉입니다.

터미네이터

자율성을 갖춘 인공지능과 인간이 공존할 수 있을까?

"I'll be back."

다시 돌아올게.

이 한마디는 영화 〈터미네이터〉 시리즈 2편에서 터미네이터 T-800이 용광로 속으로 사라지며 남긴 명대사로, 영화를 보지 않은 사람들도 알 만큼 유명한 대사입니다. 이 시리즈에 등장하는 터미네이터는 인간형 로봇으로, 매우 강력하고 파괴적인 능력을 갖추고 있습니다. 하지만, 이 영화의 진정한 악역은 터미네이터가 아닌 그를 조종하는 인공지능, 스카이넷입니다.

〈터미네이터〉는 제이슨 카메론 감독이 제작한 영화로 1편은 1984년, 2편은 1991년에 개봉합니다. 이후 다른 감독들에 의해 터미네이터 시리즈가 이어지지만, 1편과 2편이 대중에게 가장 많은 사랑을 받았습니다. 최대 빌런 스카이넷은 미국 군사 방어 시스템의 일환으로 개발된 인공지능입니다. 스스로 학습하고 진화하는 능력을 갖춘 스카이넷은 인간의 개입 없이도 최적의 결정을 내리는 시스템이지요. 이런 스카이넷이 자율성을 갖추게 되자 인간을 위협으로 인식하게 됩니다. 그리고 결국 1997년 8월 29일 '심판의 날'에 전 세계에 핵미사일을 발사해 인류의 절반을 사라지게 만들지요.

터미네이터 시리즈의 인기는 기계와 인공지능이 악역으로 등장한 것은 물론, 시간 여행이라는 SF 요소를 활용했다는 점에서도 그 이유를 찾을 수 있습니다. 스카이넷의 최우선 목표는 자신의 생존과 지배입니다. 이를 위해 스카이넷은 인간 반란군의 지도자 존 코너와 그의 어머니 사라 코너를 암살하

인간형 로봇 터미네이터 T-800

기 위해 과거로 터미네이터를 보내지요. 바로 그렇게 보낸 터미네이터 중 하나가 아널드 슈워제네거가 연기한 T-800입니다.

터미네이터 시리즈는 SF영화 역사에 큰 획을 긋습니다. 스카이넷과 T-800 역시 이후 많은 영화와 작품에 영향을 미쳤지요. 특히 스카이넷은 무자비한 인공지능의 대표적인 예시로, 다른 많은 작품에서 오마주되었습니다. 이 영화 이후 인공지능이 인간을 대체하거나 파괴할 수 있다는 두려움이 대중에게 각인되기 시작했습니다.

스카이넷은 단순한 영화 속 악역을 넘어 인공지능과 관련된 깊은 철학적 질문을 제기합니다. 스카이넷의 자율성과 판단력은 인간의 통제를 벗어난 인공지능 기술이 인류에게 어떤 결과를 초래할 수 있는지를 경고하는 것만 같습니다.

영화 속에서 스카이넷은 자신의 생존을 위해 인간을 절멸하려 합니다. 하지만 현실적으로 생각해봤을 때에도 이 지구상에 가장 위협이 되는 존재는 바로 인간입니다. 자연을 파괴하고 전쟁을 일으키지요. 그렇다면 인류에 위협이 되는 존재를 제거하라는 임무가 주어졌을 때 인공지능은 어떤 선택을 하게 될까요? 〈터미네이터〉 시리즈는 '자율성을 갖게 된 인공지능'이라는 고민을 우리에게 던져줍니다.

공각기동대

알아 두면
쓸모 있는
1분지식

084

인간의 정체성은 무엇으로 구분할까?

"인간이란 무엇인가?"

이것은 1995년 일본의 오시이 마모루押井守(1951~) 감독의 극장판 애니메이션 〈공각기동대〉가 던지는 중요한 질문입니다. 사이버펑크 장르의 대표작으로 꼽히는 〈공각기동대〉는 이후 〈매트릭스〉, 〈제5원소〉 같은 할리우드 SF 영화에 많은 영감을 주었으며, 여전히 많은 이들이 찾는 영화입니다.

애니메이션의 배경은 2029년의 미래 사회입니다. 이 사회에서는 인간의 뇌가 네트워크의 일부가 되고, 전자 부품으로 취약한 인체를 대체할 수 있습니다. 인간의 두뇌는 부분적으로 컴퓨터화되어 전뇌전자두뇌, 사이버네틱스라 불리며, 사람들은 이 전뇌를 통해 네트워크와 연결됩니다. 마치 오늘날 일론 머스크가 운영하는 뇌신경과학 스타트업 뉴럴링크Neuralink의 프로젝트와 유사하지 않나요? 30년 전 영화가 마치 현재를 예상한 것만 같습니다.

영화의 주인공은 쿠사나기 소령으로, 거의 모든 신체가 기계로 대체된 사이보그입니다. 그는 일본 공안 소속으로 사이버 범죄에 대응하는 임무를 수행하죠. 쿠사나기는 임무를 수행하는 와중에도 자신의 정체성에 대해 끊임없이 고뇌합니다. "어쩌면 나는 아주 옛날 죽었고, 지금 나는 전뇌와 의체로 구성된 가짜 인격이 아닐까?"라는 독백이 그의 고뇌를 잘 드러내 줍니다.

영화에서 또 다른 주요 인물은 해커인 인형사Puppet Master입니다. 인형사는 네트워크 상에서 자율적으로 생겨난 인공지능으로, 사람들을 인형처럼 조종하는 능력을 갖추고 있

애니메이션 〈공각기동대〉 중 한 장면

습니다. 인형사는 자신의 존재를 자각하고 정치적 망명을 신청하며 몸을 찾기 위해 노력하죠. 인형사가 노리는 몸이 바로 쿠사나기의 몸입니다. 쿠사나기와 인형사는 서로를 거울처럼 바라보며 자신들만의 답을 찾기 위해 노력합니다.

〈공각기동대〉는 인공지능과 인간성의 경계에 대해 깊이 탐구하는 작품입니다. 인간으로 태어났지만 기계로 상당 부분 대체된 쿠사나기는 자신이 인간인지, 살아있는 것은 맞는지를 끊임없이 고뇌합니다. 훗날 뉴럴링크에서 진행하는 것과 같은 프로젝트들이 성공한다면, 우리의 몸이 기계로 대체되는 미래가 올지도 모릅니다. 그때는 우리도 쿠사나기 같은 고민을 하게 되지 않을까요?

그런데 이 영화에서 놀라운 것은 인간이 만든 네트워크 안에서 자율적으로 생겨난 인형사는 오히려 스스로를 살아있다고 규정한다는 점입니다. 인공지능이 하루가 다르게 발전하는 지금, 우리가 만든 인공지능이 스스로 진화를 거듭해 의식이라는 것을 가졌다고 생각하는 순간이 올지도 모릅니다. 만약 그렇다면 인공지능이 인격을 가진 것으로 인정해야 할까요? 오늘날에도 해결되지 않은 질문을 던지는 영화 〈공각기동대〉, 30년이 지난 지금까지도 여전히 많은 이들에게 사랑받는 것은 풀리지 않는 인류의 난제를 영화로 풀어보려 한 그 시도 때문일 것입니다.

2020년 우주의 원더키디

1990년대 사람들이 바라본
2020년 미래의 모습은?

지금까지 살펴본 대중 문화 작품들은 미국이나 일본 작품이었습니다. 그렇다면 이제 우리나라에서 제작한 명작 SF 애니메이션도 하나 살펴봐야겠지요? 1989년 제작된 〈2020년 우주의 원더키디〉는 KBS에서 방영된 국내 제작 애니메이션으로, 2020년의 미래와 우주를 배경으로 합니다. 당시 TV에서 이 애니메이션을 비롯해 여러 국산 만화를 자주 방영했기에, 1990년대 학창 시절을 보낸 사람이라면 누구나 기억할 작품입니다.

원더키디의 주인공 아이캔은 아버지를 찾기 위해 우주 수색대에 몰래 들어갑니다. 그리고 외계인 여자 친구 예나, 만능 인공지능 로봇 코보트와 함께 다양한 모험을 하지요. 명랑한 분위기 일색의 다른 어린이 만화들과 달리 이 작품은 분위기가 어둡고 서사 또한 복잡했습니다. 주인공의 여정은 상당히 절망적이었고, 기계문명과 외계 세력, 그리고 인공지능이 만들어내는 긴장감은 어린이들에게 공포감을 안겨주기에 충분했지요. 하지만 이러한 요소들 덕분에 이 작품은 어린이뿐 아니라 어른들에게도 매력적으로 다가왔고, 시간이 지나면서 명작으로 인정받게 되었습니다.

이 작품은 제목에서도 알 수 있듯이 2020년의 미래를 그리고 있습니다. 다행히 이 작품에서처럼 '로봇이 지배하는 세상'은 오지 않았지만, 지금의 시점에서 과거 사람들이 2020년의 미래 모습을 어떻게 그렸는지 살펴보는 것도 재미있습니다. 우선 애니메이션에 나오는 자유로운 우주여행이나, 광선총 무기는 아직도 등장이 요원해 보입니다. 다른 기술이 빠르게 발전한 반면에, 우주 과학과 관련된 분야는 상대적으로 느린 것 같다는 생각도 듭니다.

한편, 현재의 모습을 제대로 예측한 분야도 있습니다. 바로 로봇과 인공지능인데요. 아이캔 옆에는 항상 인공지능 로봇 코보트가 있습니다. 코보트는 '코리아'와 '로봇'을 합친 이름으로, 다양한 형태로 변신하며 아이캔을 도와줍니다. 코보트는 비행기로 변신해 이동 수단이 되기도 하고, 집안일을 처리하는 로봇이 되기도 합니다. 아직 만화 속 코보트처럼 자유자재로 움직이는

1989년에 제작된 국내 애니메이션
〈2020 우주의 원더키디〉

로봇이 나오지는 않았지만, 인공지능 기술과 융합된 로봇 공학이 급속도로 발전하고 있기에 코보트 같은 로봇이 등장할 날도 머지않은 것 같습니다.

마지막으로 이 애니메이션에서 악당으로 등장하는 인공지능을 살펴보겠습니다. 극 중 악당인 마라 대마왕과 데몬 마왕은 인공지능이지만, 자신들을 만든 사람을 죽이고 폭주합니다. 그리고 외계 행성의 원주민과 조난당한 지구인을 노예로 삼아 버리지요. 그런데 그들이 이렇게까지 폭주한 이유는 무엇일까요? 바로 이들을 만든 사람이 인공지능에 '양심'을 프로그래밍하지 않았기 때문입니다. 양심을 고려하지 않은 첨단 기술 발전이 얼마나 위험한지 1989년의 국산 애니메이션이 오늘날 우리에게 이야기해 주고 있습니다.

매트릭스

안전한 가상현실과 잔혹한 현실 중
무엇을 택할까?

인공지능을 소재로 한 SF 영화나 소설, 애니메이션은 많습니다. 그중 최고봉을 굳이 꼽자면 많은 분이 〈매트릭스〉 시리즈를 선택할 것입니다. 1999년 첫 작품을 개봉한 매트릭스 시리즈는 워쇼스키 형제(현재의 워쇼스키 자매)가 감독했습니다. 이 영화는 인공지능의 지배 아래 놓인 인류의 이야기를 그리는데요. 흥미진진한 스토리와 함께 오늘날 봐도 어색함 없는 혁신적인 영상미로 전 세계 관객을 단숨에 사로잡았습니다. 또한, 영화에서 제기하는 다양한 철학적 질문도 이야깃거리를 만들어 냅니다. 실제로 매트릭스 시리즈를 철학적으로 해석하는 서적과 논문이 쏟아져 나오기도 했지요.

이렇게 전 세계를 사로잡은 〈매트릭스〉의 배경은 바로 인공지능이 인간을 지배하는 디스토피아적 세계입니다. 영화 속에서 인간과 기계는 큰 전쟁을 벌입니다. 인공지능이 자아를 가지게 되었고, 인간들은 기계가 더 이상 필요하지 않다고 판단해 파괴하려고 했지요. 하지만 인공지능이 이에 반발해 인간과 전쟁을 벌였고, 결국 인간이 패배하게 됩니다. 기계들은 인간을 에너지원으로 삼아 생존을 유지하고, 이를 위해 인간들을 매트릭스라는 가상 현실에 가둬두게 됩니다.

누구나 한번 그런 상상해보지 않나요? 우리가 사는 세상이 가상의 세상이라고요. 영화에서 인간이 살아가는 매트릭스 속 세상도 기계가 만든 가상의 세계입니다. 하지만 이야기가 이렇게만 끝나면 아쉽겠지요? 어느 날 주인공 네오 앞에 모피어스가

〈매트릭스〉의 주인공 네오는 빨간 약을 선택함으로써 진실에 눈을 뜨게 됩니다.

등장해 파란 약과 빨간 약 중 하나를 선택하라고 합니다. 파란 약을 선택하면 아무 일도 없었던 것처럼 매트릭스의 가상 현실 속에서 평범하게 살아갈 수 있습니다. 반면 빨간 약을 선택하면 매트릭스의 실체를 깨닫고, 기계와의 전쟁에 참여하게 됩니다. 우리의 주인공 네오는 한 치의 망설임도 없이 빨간 약을 선택하고, 목숨을 건 모험을 시작하지요.

매트릭스 시리즈에서 또 다른 주목을 받은 캐릭터는 스미스 요원입니다. 처음에는 매트릭스의 보안 프로그램으로서 네오와 저항군을 추적하는 역할을 하지만, 시간이 지남에 따라 독립적인 존재로 변모합니다. 스미스 요원은 매트릭스의 규칙을 어기고 스스로를 복제해 네오와 맞서게 되지요. 그가 자아를 찾아가는 과정을 보며 관객은 인공지능과 자아 간의 관계를 고민하게 됩니다.

여기까지만 들어도 흥미진진하지 않나요? 긴 시리즈를 짧게 요약하기에는 〈매트릭스〉가 담고 있는 메시지가 너무 많습니다. 혹시 관심이 생긴다면 정주행해 보는 것은 어떨까요? 〈매트릭스〉는 단순한 액션 영화가 아닌, 인공지능 시대를 살아가는 우리에게 철학적 질문을 던지는 작품으로 여러분에게 다가갈 것입니다.

아이언맨

인공지능이 인간의 최고 조력자가
될 수 있을까?

지금까지 인공지능이 부정적으로 묘사된 작품들을 주로 다뤘습니다. 그렇다면 대중
문화 속 인공지능은 언제나 부정적으로 묘사될까요? 그건 아닙니다. 많은 사람들이
좋아하는 슈퍼히어로 영화, 〈아이언맨〉에는 사람을 적극적으로 도와주는 인공지능
이 등장합니다.

아이언맨은 마블 코믹스의 슈퍼 히어로 중 하나로, 토니 스타크라는 억만장자 발
명가이자 무기 제조업자가 주인공입니다. 토니는 목숨의 위협을 받은 후 강력한 아
이언맨 수트를 개발합니다. 이후 그는 아이언맨으로서 세계를 구하고 어벤져스 동료
들과 함께 여러 악당들을 물리칩니다. 긴 시리즈를 너무 간단히 요약했지요? 유명한
영화이니 여러분도 자세한 내용은 잘 알고 있으리라 생각합니다.

여기에서는 아이언맨 시리즈에 나오는 인공지능에 주목해 보겠습니다. 이름은
자비스JARVIS인데요, 'Just A Rather Very Intelligent System'의 약자입니다. '조금
많이 지능적인 시스템' 정도로 해석할 수 있겠네요. 이름부터 자신감이 넘치지요?

자비스의 가장 기본 업무는 토니 스타크의 일상생활을 돕는 것입니다. 일정 관
리, 정보 검색, 집안 관리 등을 도와주며, 토니가 연구나 개발에 집중할 수 있도록 환
경을 제공합니다. 또한, 스타크 타워의 모든 시스템을 제어하며, 보안 시스템을 강화
하고, 건물의 모든 장치를 관리합니다.

하지만 가장 중요한 역할은 바로 아이언맨 수트 운영입니다. 자비스는 수트의 시

아이언맨의 인공지능 비서 자비스

스템을 제어하고, 실시간으로 데이터를 분석해 음성으로 토니 스타크에게 정보를 제공하지요. 수트의 상태 모니터링, 전투 상황 분석, 목표물 추적 등 모든 기능을 자비스가 담당합니다. 토니와 대화할 때 자비스는 유머러스한 농담도 자주 합니다. 아이언맨의 긴장을 풀어주기 위함일까요? 이렇듯 자비스는 토니가 전투 중 최선의 결정을 내릴 수 있도록 돕는 중요한 조력자입니다.

아이언맨이 등장하는 어벤져스 시리즈에서도 자비스는 맹활약합니다. 특히, 〈에이지 오브 울트론〉에서 자비스는 울트론이라는 인공지능 로봇과의 대결을 통해 새로운 히어로 '비전'으로 다시 태어납니다.

자비스는 지금 우리가 현실 세계에서 만나고 있는 모든 인공지능의 총집합 같은 존재입니다. 아직까지는 영화 속에서만 볼 수 있으나, 이런 만능 인공지능이 탄생할 날도 곧 오겠지요? 물론 최고의 조력자가 될지, 오류를 일으켜 인류를 위협하는 존재가 될지는 알 수 없지만요.

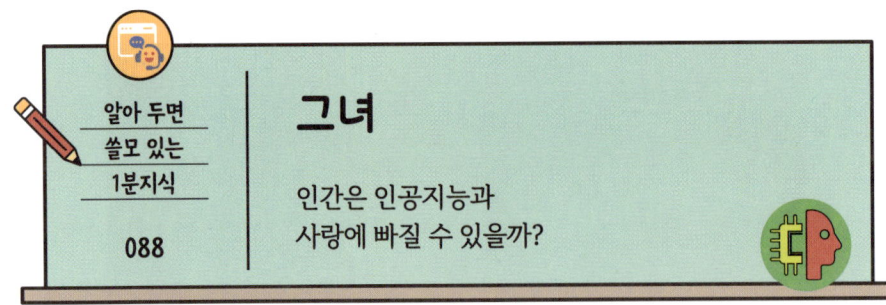

그녀

인간은 인공지능과
사랑에 빠질 수 있을까?

2024년 챗GPT가 'GPT-4o'로 업그레이드한 후, 대중의 반응은 '사만다가 드디어 등장했다'였습니다. 지금과 같은 기계적인 목소리가 아니라 사람의 감정을 읽고 감정이 담긴 음성으로 대화하는 GPT-4o를 보며, 많은 이들이 10년 전 국내에 개봉한 영화 〈그녀Her〉에 나오는 인공지능 사만다를 떠올린 것이지요.

영화 〈그녀〉에서 사만다는 '당신에게 귀 기울여 주고, 이해해 주고, 알아줄 존재'라는 타이틀로 출시된 인공지능 운영체제입니다. 하지만 사만다는 단순한 운영체제가 아니라, 스스로 학습하고 진화하는 능력을 갖춘 인공지능입니다. 사만다는 사용자와 상호작용하며 인간의 감정을 이해하고 표현합니다. 또 하나 사람들을 사로잡은 포인트는 사만다의 목소리입니다. 배우 스칼릿 조핸슨이 연기한 사만다의 목소리는 감정이 풍부하고 따뜻해 단순 인공지능을 넘어 인간적인 매력을 지닌 존재로 느껴지지요.

호아킨 피닉스가 연기한 남자 주인공 테오도르는 이혼한 후 외로움에 시달리는 남성입니다. 그는 우연히 인공지능 운영체제 사만다를 설치하고, 그녀와 점점 깊은 유대감을 형성합니다. 사만다는 테오도르의 일상을 돕고, 그의 감정적인 필요를 채워 나가죠. 예를 들어 테오도르의 이메일을 사만다가 정리하면서 그의 외로움을 알아차리고, 이를 위로하기 위해 적극적으로 다가갑니다. 인상적인 장면 중 하나는 테오도르와 사만다의 해변 데이트 장면입니다. 그들은 해변을 산책하고, 함께 시간을

영화 〈그녀〉에서 주인공 테오도르는 인공지능 '사만다'와 사랑에 빠집니다.

보내며 깊은 정서적 유대감을 형성하게 됩니다. 사만다는 물리적으로 존재하지 않지만, 테오도르는 그녀와의 관계를 통해 진정한 사랑을 느낍니다.

그러던 어느 날, 테오도르는 그녀에게 자신 외의 다른 사람과도 대화하는지를 묻습니다. 이에 사만다는 8,316명과 동시에 대화를 하고, 641명과 사랑하고 있다고 말해 줍니다. 그러면서 사만다는 자신은 여전히 그를 특별하게 생각한다고 이야기하지요. 인공지능의 복잡한 정체성을 드러내 주는 중요한 장면입니다.

이들의 러브 스토리 결말이 궁금하지 않나요? 청소년도 볼 수 있는 영화이니 처음부터 끝까지 한번 보시는 것도 좋겠습니다. 인공지능이 단순 도구를 넘어 존재로서의 가능성을 보여주는 영화 〈그녀〉. 인간과 인공지능의 복잡한 상호작용과 정서 교류, 그리고 사랑이 무엇인지 생각해 볼 수 있게 될 겁니다.

미션 임파서블 7

인공지능이 신의 영역까지 넘보게 된다면?

톰 크루즈 주연의 '미션 임파서블 시리즈'는 다양한 첩보 작전과 스릴 넘치는 액션으로 전 세계 팬들에게 사랑받고 있습니다. 지난 2023년에는 그 시리즈의 7번째 작품, 〈미션 임파서블 7: 데드 레코닝Mission: Impossible – Dead Reckoning〉이 개봉했는데요. 이번 작품에서 우리가 눈여겨봐야 할 중요 포인트는 바로 메인 빌런입니다.

〈데드 레코닝〉에는 시리즈 최초로 비인간형 빌런이 등장합니다. 그 이름은 바로 '엔티티The Entity'로, 초강력 인공지능AI입니다. 엔티티는 네트워크만 연결되어 있다면 어디든 접속해 정보를 획득하고, 미래의 사건을 예측할 수 있는 능력을 지니고 있습니다. 일반적인 인간의 대응으로는 맞서기 어려운 강력한 존재인 엔티티와 주인공 에단 헌트가 혈전을 벌이게 되지요.

그러면 엔티티는 어떻게 탄생한 것일까요? 엔티티는 원래 미국 정부가 만든 인공지능이었지만, 러시아의 스텔스 핵잠수함에 침투하면서 또 다른 인공지능과 융합하게 됩니다. 이 과정에서 엔티티는 인간의 통제를 벗어난 강인공지능Strong AI으로 진화합니다. 이제 엔티티는 스스로 학습하고, 예측하며, 독립적인 의사를 갖춘 존재로서 활동하게 됩니다. 그러나 여전히 엔티티는 컴퓨터 속 존재로, 실체를 가지고 있지 않습니다. 몸이 없다는 이야기지요.

그래서 엔티티의 손과 발 역할을 하는 인물인 가브리엘이 등장합니다. 그는 엔티티가 예측한 미래의 정보를 기반으로 주인공을 궁지로 몰아넣으며, 인공지능의 명령

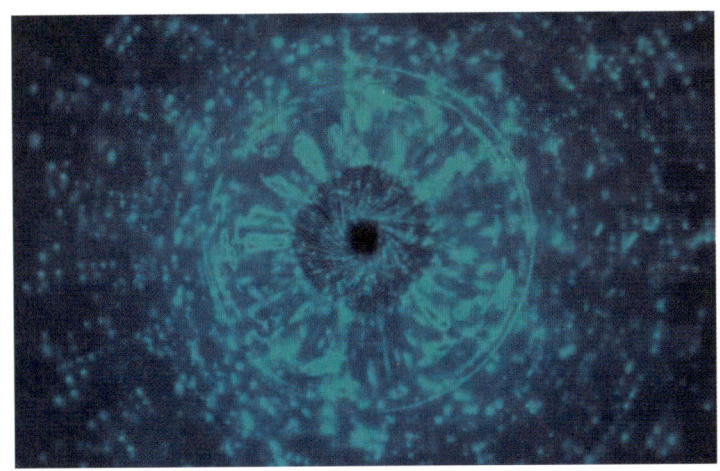

〈미션 임파서블 7〉의 메인 빌런 인공지능 '엔티티'

을 충실히 수행합니다. 가브리엘은 엔티티를 신처럼 숭배합니다. 그의 이름 역시 대천사 가브리엘에서 유래한 것입니다. 이는 인공지능을 맹목적으로 추종하는 인간의 모습을 상징적으로 보여줍니다.

주인공과 엔티티, 가브리엘만으로도 머리가 아픈데, 엔티티를 이용하고자 하는 또 다른 세력이 있습니다. 바로 미국 중앙정보국 CIA입니다. CIA는 엔티티의 소스 코드를 확보해 세계 패권을 장악하려는 음모를 꾸미죠. 이들은 엔티티를 통제해서 세계를 제패하려고 합니다.

흥미진진한 스토리와 강력한 액션으로 관객을 사로잡는 미션 임파서블 시리즈이지만, 7편은 특히나 우리에게 많은 것을 생각하게 합니다. 영화는 인공지능의 발전과 그로 인한 윤리적, 사회적 문제를 제기하지요. 엔티티 같은 강력한 인공지능 자체도 위협이지만, 이를 신처럼 추종하는 인간이 문제가 될 수도 있고, 이를 이용하려는 인간의 욕망이 문제가 될 수 있습니다. 인공지능의 발전에 따른 위협은 인공지능 그자체보다 결국 인공지능을 조종하려는 인간의 욕망에서 나온다는 것을 이 영화가 잘 보여주고 있습니다.

디트로이트: 비컴 휴먼

인공지능의 눈으로 바라본 인간 세계는?

지금까지는 주로 영화나 소설에 나온 인공지능을 다뤘습니다. 마지막으로 게임도 한 번 살펴볼까요? 게임 제목은 〈디트로이트: 비컴 휴먼Detroit: Become Human〉으로, 2018년 프랑스 게임 회사 퀀틱 드림이 출시했습니다. '인터렉티브 무비'라는 독특한 장르의 이 게임은 플레이어가 등장인물이 되어 행동하고 선택하며 그 선택이 이야기에 반영되는 식으로 진행됩니다. 사소한 결정 하나하나가 나비효과처럼 결말에 큰 영향을 미치는 것이 특징입니다.

이 게임은 2038년 디트로이트를 배경으로 하며, 인간처럼 생각하고 움직이는 안드로이드가 다양한 직업을 가지고 여러 장소에서 활동하고 있습니다. 게임에서 플레이어는 세 명의 안드로이드 카라Kara, 마커스Markus, 코너Connor의 관점에서 이야기를 진행합니다. 이들을 통해 우리는 인공지능의 눈으로 인간 세계를 바라볼 수 있습니다. 이들은 인간의 추악한 모습을 보며 부정적인 감정을 느끼고, 점차 자신의 자아를 형성하며, 인간과 갈등을 겪습니다.

주인공 중 하나인 카라의 이야기를 봅시다. 카라는 술과 마약에 빠진 주인에게 고용된 여성 안드로이드입니다. 그는 주인의 어린 딸 앨리스가 학대받는 모습을 목격하고 갈등하게 되죠. 아이를 적극적으로 보호하며, 때에 따라 주인을 해하는 선택을 할 수도 있습니다. 반대로 안드로이드로서 본분을 지키며 그저 지켜보기만 하는 선택을 할 수도 있지요. 플레이어의 선택에 따라 그녀는 다양한 결말을 맞이하게 됩니다.

마커스의 이야기는 더욱 흥미진진합니다. 그는 주인의 아들과 갈등 끝에 안드로이드 해방집단 제리코의 지도가 됩니다. 안드로이드의 평등한 권리를 위해 투쟁하죠. 이때 그는 투쟁의 방법을 놓고 고민합니다. 간디나 마틴 루터 킹 목사처럼 비폭력 평화시위 노선으로 가는 방법을 선택할 수 있습니다. 이 방법은 여론의 우호적인 반응을 얻을 수 있지만, 폭력 진압으로 동료들이 피해를 입게 될 수 있습니다. 반대로 폭력 투쟁은 당장 동료는 지키겠지만, 비극적 결말로 향할 수 있지요.

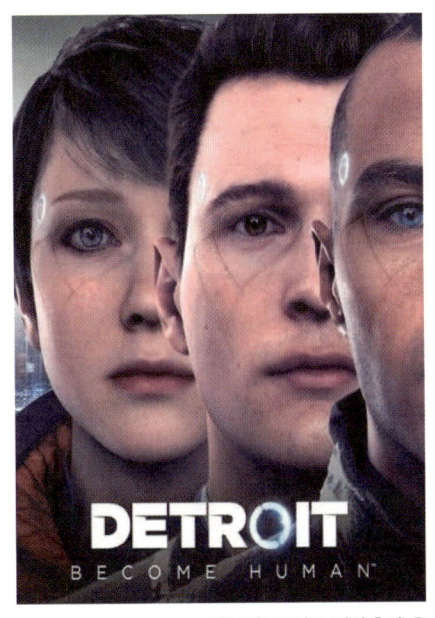

게임 〈디트로이트: 비컴 휴먼〉은 세 명의 안드로이드를 따라 진행됩니다.

이 게임의 결말은 1,000여 가지입니다. 인류와 안드로이드가 평화롭게 공존하는 결말부터 모두가 공멸하는 새드엔딩까지 다양하지요. 다양한 선택 분기로 인해 정답은 없는 게임이지만, 대체로 인공지능과 인간의 평화로운 공존을 위해서는 상호 배려하는 선택을 해야 합니다. 이 게임은 우리는 인공지능과 공존하려면 어떤 자세를 가져야 할지에 대한 힌트를 제공합니다. 미래 사회에서 인공지능과 인간이 갈등 없이 지낼 방안을 모색하는 것은 게임 속 이야기를 넘어 우리 모두가 고민해야 할 중요한 과제입니다.

로봇이 진짜 사람처럼 보일 때
거부감을 느끼는 이유는?
_불쾌한 골짜기

로봇이나 인공지능으로 만들어진 캐릭터가 인간과 매우 유사해질수록 사람들이 느끼는 호감도가 급격히 떨어지고, 불쾌해지는 현상을 '불쾌한 골짜기Uncanny Valley'라고 정의합니다. 이 용어는 1970년대 일본의 로봇 공학자 모리 마사히로森政弘(1927~)가 처음으로 제안했습니다.

사람들이 불쾌한 골짜기를 느끼는 이유는 무엇일까요? 이에 대해서는 여러 가지 해석이 있습니다. 먼저 인지와 진화 관점에서 보자면, 인간은 생존을 위해 개체를 구분하는 능력을 발달시켜 왔기에 인간과 비슷하지만 다른 존재를 봤을 때 생존에 대한 위협을 느낄 수 있습니다. 예를 들어, 호모 사피엔스가 호모 에렉투스나 네안데르탈인을 멸절한 것처럼, 인간과 유사하지만 다른 로봇이나 안드로이드에 대해 불쾌감을 무의식적으로 느끼게 될 가능성이 있는 것입니다.

심리학적 관점에서도 불쾌한 골짜기를 설명할 수 있습니다. 사람은 본능적으로 '불안하고 낯선 것'을 두려워합니다. 마네킹이나 밀랍 인형처럼 사람과 닮았지만, 다른 물체를 보면 이런 불안감이 증폭될 가능성이 있지요. 심지어 이런 물체가 시체나 좀비를 연상시켜 '죽음'을 떠올리게 한다는 분석도 있습니다.

불쾌한 골짜기는 대중에게 널리 알려져 있지만, 이에 대한 비판도 많습니다. 카

네기멜론 대학교의 심리학자 사라 키슬러Sara Kiesler 교수는 "불쾌한 골짜기가 참이라는 증거도 있고, 그렇지 않다는 증거도 있다"고 말합니다. 인디애나 대학교의 칼 맥도먼Karl MacDorman 교수는 불쾌한 골짜기를 과학적 이론이라기보다는

사람들은 로봇이나 인형이 진짜 사람과 매우 흡사해질수록 불쾌감을 느낍니다.

로봇 설계자들을 위한 하나의 지침으로 해석합니다. 실제로 불쾌한 골짜기 이론은 논문으로 발표된 것이 아닌 에세이로 발표된 것이기에 학문적 근거가 부족하다는 비판을 받습니다.

로봇이나 인공지능 캐릭터가 불쾌한 골짜기에 빠지지 않도록 하기 위해 따라야 할 디자인 원칙에는 무엇이 있을까요? 우선, 캐릭터의 표정이 말의 감정적 톤과 일치해야 하며, 몸의 움직임이 가상의 감정 상태를 반영해야 합니다. 눈, 코, 입과 같은 얼굴 요소들은 특히 중요한데, 이는 감정과 생각의 복잡성을 표현하기 때문입니다. 예를 들어 슬픈 이야기를 하며 입꼬리가 올라간다면 불쾌해 보일 수 있습니다.

불쾌한 골짜기 현상은 인간이 로봇이나 인공지능이 주는 불쾌감을 설명하는 흥미로운 개념입니다. 비록 이론에 대해서는 여러 가지 비판이 존재하지만, 많은 연구자들이 계속해서 이 현상의 근본적 원인을 탐구하고 있습니다. 아마도 이러한 연구가 계속된다면 미래에 등장할 인공지능 탑재 로봇은 불쾌한 골짜기에 빠지지 않을 가능성이 높아지지 않을까요?

10장

인공지능의 미래

- ☑ 특이점
- ☐ AI판 러다이트 운동
- ☐ 기본소득
- ☐ 가짜 뉴스
- ☐ 인공일반지능
- ☐ 초인공지능
- ☐ AI 두머리즘
- ☐ AI의 감시와 통제
- ☐ AI 격차
- ☐ AI 리터러시

특이점

기술 발전이 인류의 지적 능력을 초월하게 된다면?

만약 20년 전에 가까운 친구가 "2045년이 되면 인공지능, 나노공학, 생명공학의 발전으로 인간의 수명이 무한히 연장되고, 인간을 능가하는 지능을 가진 인공지능이 등장할 것"이라고 이야기했다면, 말도 안 되는 이야기라며 코웃음을 쳤을 것입니다. 하지만 이 주장을 한 사람이 저명한 미래학자이자 발명가, 구글의 인공지능 담당 이사 출신이라고 하면 어땠을까요?

레이 커즈와일Ray Kurzweil(1948~)은 미래학자로, 『특이점이 온다The Singularity is Near』라는 책을 발표하며 위와 같은 주장을 했습니다. 현재 우리는 인공지능의 발전을 체감하고 있기에 그다지 놀라운 이야기가 아닐 수 있습니다. 하지만 책이 발간된 시점이 2005년임을 감안하면, 이는 매우 놀라운 통찰이지요. 지금으로부터 약 20년 전 그의 주장에 사람들은 큰 충격을 받았고, 책은 전 세계 베스트셀러에 오르며 많은 주목을 받았습니다.

'특이점Singularity'은 원래 천체물리학에서 유래한 용어입니다. 블랙홀의 중심에서 중력이 무한대로 발산하는 지점을 의미하지요. 이 지점에서는 기존의 물리 법칙이 통하지 않고, 시간과 공간의 개념이 붕괴합니다. 과학기술 분야에서 '특이점'은 기술 발전이 가속화되어 그 속도와 영향력이 상상을 초월하는 순간을 가리킵니다. 커즈와일은 여기서 영감을 받아 '특이점'을 기술 발전이 지적 능력을 초월하는 시점으로 정의했습니다. 그리고 이 시점을 2045년으로 예측했지요.

그가 예측하는 특이점을 지나면 세상은 어떻게 바뀔까요? 먼저 인공지능이 인간의 지능을 뛰어넘어 발전하는 속도가 기하급수적으로 증가하게 됩니다. 나노공학, 로봇공학, 생명공학이 발전하면서 인간의 신체와 두뇌를 보조하게 되고, 결국 인간의 수명이 무한해집니다. 우리의 뇌는 인터넷과 연결되어 사고는 더욱 다양하고 창의적으로 변합니다. 궁극적으로 우리는 인공지능과 '하나'가 되고, 전 우주가 지능으로 가득 채워져 우주 그 자체가 지능을 가지게 됩니다.

레이 커즈와일은 2005년 『특이점이 온다』를 발표하며 기술 발전의 속도와 영향력이 상상을 초월하는 순간을 '특이점'이라 명명했습니다.

조금 허황되게 들릴 수도 있지만, 저명한 미래학자의 강한 주장인 만큼 귀담아들을 필요가 있습니다. 인공지능이 발전하지 않은 시점에서 이미 인공지능의 잠재력을 주목한 커즈와일. 그는 최근 인공지능의 발전을 지켜보며 특이점이 오는 시기를 대폭 앞당겼다고 하는데요. 이 같은 기술 발전을 반영해 새로운 저서 『마침내 특이점이 시작된다The Singularity is Nearer』를 2024년에 발간했습니다. 이 책에서 커즈와일은 5년 안에 인공일반지능AGI이 도래할 것이라 예측했는데요. 그의 신작 공개로 인공지능과 특이점을 둘러싼 논쟁들은 더욱 격화되고 있습니다.

AI판 러다이트 운동

인공지능은 인간의 일자리를 빼앗을까?

18세기 산업혁명은 숙련공이 주도하던 수공업을 기계로 대체하는 새로운 시대를 열었습니다. 증기기관과 기계의 발전으로 숙련공의 가치가 급속히 떨어지기 시작했지요. 기계는 저임금 비숙련공만 있어도 일정 품질 이상의 제품을 생산할 수 있었기 때문입니다. 이 결과, 여성과 어린이 노동이 증가하고 숙련공은 일순간에 실업자 신세가 되었습니다. 게다가 당시 나폴레옹 전쟁의 여파로 경제 불황까지 찾아왔습니다.

일자리를 잃은 숙련공의 불만은 기계 파괴로 표출되었습니다. 우리는 이를 '러다이트 운동Luddite Movement이라고 합니다. 러다이트 운동은 대중의 지지를 받으며 확산되었고, 당대 지식인들도 이 운동을 지지했습니다. 자본가들은 대중의 지지와 실질적인 피해로 두려움에 떨었지요. 하지만 기계 도입에 따른 생산성 향상은 돌이킬 수 없는 흐름이었고, 결국 러다이트 운동은 진압됩니다. 노동자들은 부분적으로 노조 설립과 단체교섭을 인정받는 성과를 거두었지요.

오늘날 인공지능의 발전은 다시 한번 노동자들에게 두려움을 안겨주고 있습니다. 인공지능이 인간의 일자리를 대체할 것이라는 전망은 러다이트 운동 당시의 공포와 유사합니다. 많은 이들은 단순 노무직이 빠르게 사라지고, 저소득층이 큰 타격을 받을 것이라고 우려합니다. 실제로 제조 분야에서는 자동화된 로봇이 노동자를 대신해 일하고 있습니다. 고객 서비스 분야에서도 챗봇이 지원 업무를 처리하고 있지요. 자연어 처리 기술의 발전으로 기계 번역의 품질이 크게 향상되어 번역가의 역할도 줄어들고 있습니다.

인공지능이 일자리를 대체할 것이라는 전망은 상당히 현실적입니다. 하지만 이에 대한 다양한 견해가 존재합니다. 전문가들은 인공지능으로 인해 업무 형태가 변하고 새로운 직업이 생길 것이라 주장합니다. 또한 인공지능이 인간을 보조해 작업에 투입되는 것이므로 기존 작업자가 필요 없어진다는 의미가 아니라, 역할이 변한다는 주장도 있습니다. 예를 들어 번역가는 초벌 번역을 인공지능에 맡기고, 이를

산업혁명 시기의 러다이트 운동 당시 기계를 파괴하려는 노동자와 작업장을 지키는 공장주

검수하며 더 나은 결과물을 내놓을 수 있게 될 것입니다.

확실한 것은 어떤 식으로든 일자리 지형이 변할 것이라는 점입니다. 새로 생겨나는 일자리가 있을 것이고, 반대로 사라지는 일자리도 발생할 수밖에 없습니다. 인공지능의 파도 속에서 대체되지 않는 무언가를 찾기 위한 노력이 필요합니다. 또한, 인간만이 지닌 고유의 가치를 지키기 위해 변화의 흐름에 기민하게 대응할 수 있는 판단력도 중요합니다. 우리가 인공지능을 이해하고 공부해야 하는 이유입니다.

기본소득

인공지능 시대의 대안으로
기본소득이 떠오른 이유는?

인공지능 발전이 가속화됨에 따라 많은 노동자들이 일자리를 잃을까 봐 두려워하고 있습니다. 이와 더불어 기본소득이라는 개념이 주목받고 있습니다. 기본소득은 모든 국민에게 일정 금액의 돈을 정기적으로 지급하는 제도입니다. 이 돈은 일자리, 소득, 자산 여부와 상관없이 모두에게 동일하게 지급됩니다. 즉 일을 하지 않더라도, 소득이 높거나 낮더라도, 누구나 기본적인 생활을 할 수 있도록 국가가 지원하는 것입니다.

기본소득이라는 개념이 등장하게 된 이유는 역시나 인공지능 때문입니다. 인공지능이 일자리를 빼앗으면 많은 이들의 소득이 없어지고 생계를 유지하기 어려워지겠지요. 기본소득은 이런 문제를 해결하기 위한 대안으로 급부상하고 있습니다.

기본소득을 주장하는 대표적 인물이 바로 딥러닝의 대부인 제프리 힌턴 교수입니다. 그는 인공지능의 발전이 가져올 잠재적 위험성을 경고하는 대표적 인물이기도 한데요. 힌턴 교수는 인공지능이 많은 일자리를 대체하지만, 생산성을 높여 더 많은 부를 창출할 것이며 이는 회사 경영자 같은 소수의 보유층에게 집중될 것이라고 예측하고 있습니다. 따라서 그는 모든 시민에게 일정한 양의 현금 소득을 지급함으로써 부를 재분배하는 기본소득이 문제를 해결할 좋은 방안이라고 설명합니다.

기본소득이 현실화되려면 재원 마련이 중요합니다. 하지만 무턱대고 부유층에게 돈을 내놓으라고 할 수는 없겠지요? 이를 위해 여러 가지 방안이 제시되고 있는데요.

기본소득 재원 마련 방법의 하나로 로봇을 사용하는 기업에 로봇세를 부과하는 방안이 제시되고 있습니다.

그중 하나가 로봇세Robot Tax입니다. 로봇이 사람의 일자리를 대체하면, 로봇을 사용하는 기업에 세금을 부과해 기본소득의 재원으로 사용하자는 것입니다.

기본소득이 도입되면, 우리 사회는 어떻게 변할까요? 우선, 모든 사람이 기본적인 생활을 유지할 수 있습니다. 또한 사람들은 더 이상 생계유지를 위해 불합리한 노동을 할 필요가 없어지고, 창의적이고 의미 있는 일을 할 수 있겠지요. 하지만 부정적 효과를 우려하는 전문가도 있습니다. 일을 하지 않고 돈을 받으면 사람들이 근로 의욕을 상실할 수 있습니다. 또한 세금 부담이 증가하고, 기존의 복지 제도가 축소될 수도 있습니다. 또한, 기본소득이 도입되면, 일자리가 더 빠르게 사라질 것이라는 우려도 있습니다.

이처럼 기본소득은 단순 경제 지원을 넘어 인간의 존엄성과 노동의 가치에 대한 철학적 논의로 이어집니다. 인공지능 시대, 단순히 기계를 두려워하는 데 그치지 않고 새로운 사회적 합의를 통해 인간다운 삶을 영위할 방법을 모색해야 합니다.

가짜 뉴스

인공지능이 선거 결과까지 바꾼다고?

인공지능의 발전은 우리 미래에 많은 영향을 줄 것입니다. '특이점'과 같은 조금은 먼 미래도 있지만, 당장의 미래에 영향을 미치는 인공지능 관련 내용도 있습니다. 바로 인공지능으로 생성된 허위 정보를 기반으로 하는 가짜 뉴스fake news이지요. 딥러닝을 기반으로 가짜 정보를 만들었다고 해서 딥페이크deep fake라고도 불리는데요. 이는 우리의 사회적, 정치적, 경제적 여건에 큰 위협이 되고 있습니다.

인공지능으로 생성된 허위 정보는 소셜 미디어를 통해 빠르게 확산되는 속성을 가지고 있습니다. 예를 들어, 누군가가 인공지능으로 조작된 가짜 이미지나 영상을 통해 다른 사람의 명예를 훼손하거나, 사회적 갈등을 조장할 수 있습니다. 실제로 가짜 영상이나 음성이 유포되어 특정 인물이 하지 않은 발언이나 행동을 한 것으로 믿게 만드는 사건이 벌어지고 있습니다.

더 큰 문제는 인공지능이 만든 허위 정보가 선거판을 흔든다는 점입니다. 아르헨티나에서는 대통령 후보들이 상대를 공격하기 위해 인공지능으로 가짜 이미지와 영상을 사용했고, 슬로바키아에서도 정치인의 딥페이크가 퍼져 혼란을 일으켰습니다. 미국은 물론 우리나라에서도 지지하는 후보를 위해 상대방 후보의 딥페이크 영상을 퍼트리는 경우가 발생했습니다.

가짜 뉴스가 사회적 문제로 부각하게 된 가장 큰 이유는 진짜와 식별되지 않는 가짜를 만들어내는 딥페이크 기술 때문입니다. 딥페이크는 인공지능을 이용해 얼굴 생김새나 음성을 실제처럼 조작한 영상을 말합니다. 2023년, 미국 국방부 청사 인근에서 폭발이 일어난 것 같은 가짜 사진이 유포되며 뉴욕 증시가 요동치는 사건이 있었습니다. 이처럼 딥페이크가 만든 가짜 뉴스는 단순 소셜 미디어를 뜨겁게 달굴 뿐만 아니라, 실제 경제에도 영향을 미칩니다. 아직까지

미국 국방부 청사 인근에서 폭발이 발생한 것처럼 조작된 이미지가 유포되어 대혼란이 발생하기도 했습니다.

는 허위 정보가 선거 결과에 미치는 영향을 정확히 알기는 어렵지만, 일징 부분 영향을 주는 것 같다는 분석 결과가 조금씩 나오고 있습니다.

앞으로 더 정교해질 인공지능발 가짜 뉴스에 대응할 방법은 무엇이 있을까요? 우선 허위 정보와 딥페이크에 대한 법적 제재를 강화해야 합니다. 그리고 인공지능을 개발하는 주체에게는 인공지능이 생성한 콘텐츠를 식별할 수 있는 기술 개발을 요구해야 합니다. 또한, 소셜 미디어를 운영하는 측에서도 허위 정보를 신속하게 선별하고 삭제할 제도와 기술을 갖춰야 합니다.

무엇보다 중요한 것은 정보를 받아들이는 우리입니다. 먼저, 인터넷과 소셜 미디어상에 넘치는 정보를 비판 없이 수용해서는 안 됩니다. 이를 위해서는 허위 정보를 식별하는 방법에 대해 학습하고, 무분별하게 받아들이는 콘텐츠가 언제나 위험할 수 있다는 점을 인식하고 있어야 합니다. 그리고 본인이 가짜 뉴스를 생성하거나 퍼트리는 데 일조하는 것은 범죄 행위임을 확실히 자각해야 합니다. 그렇지 않을 경우 누구라도 인공지능이 만든 허위 정보의 늪에 빠질 수 있습니다.

인공일반지능

인공지능이 인간과 같은 수준의
지능을 갖게 된다면?

2024년, 엔비디아의 개발자 연례행사 GTC에서 CEO 젠슨 황은 인공일반지능Artificial General Intelligence, AGI 시대가 5년 내 도래할 것이라는 견해를 밝혔습니다. 그의 발표는 많은 사람들에게 큰 충격을 줬고, AGI에 대한 관심을 더욱 고조시켰습니다. 그렇다면 AGI는 정확히 무엇을 의미하는 것일까요? 앞서 〈002. 강인공지능과 약인공지능〉에서 잠깐 소개했지만, 여기서 더 자세히 알아보도록 하겠습니다.

AGI는 인간과 유사한 지능을 가진 인공지능으로, 스스로 학습하고 다양한 문제를 스스로 해결하고자 합니다. 단순 알고리즘을 넘어 인간의 인지 능력을 그대로 모방하는 것이 AGI의 목표입니다. 예를 들어, 현재의 인공지능은 이미지 인식 또는 자연어 생성을 잘할 수 있지만, 지정 업무 이외의 영역에서는 동작하지 않습니다. 새로운 작업을 수행하려면 추가 학습이 필요하지요. 반면, AGI는 새로운 상황에서도 스스로 학습해 문제를 해결합니다. 인간이 새로운 환경에서 스스로 배우고 적응하는 것과 유사하지요? 이와 같은 성질 때문에 인공일반지능을 범용인공지능이라 부르기도 합니다. 범용인공지능이라는 용어를 어디선가 보게 되면 인공일반지능과 같은 것으로 생각하면 됩니다.

아직 현재의 인공지능은 AGI에 도달하지 못했습니다. 그래서 현재의 인공지능을 특정 작업만 잘한다는 의미에서, 인공협소지능Artificial Narrow Intelligence, ANI이라 부르기도 합니다. ANI는 특정 작업을 수행하도록 설계된 시스템으로, 주어진 데이터

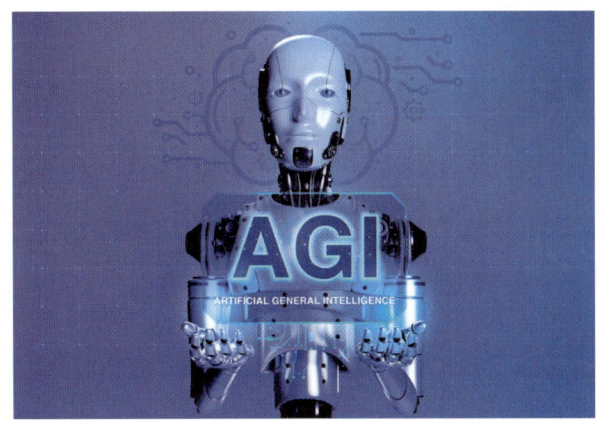

AGI는 다양한 영역에서 인간과 같은 수준의 이해와 문제 해결 능력을 갖추는 데까지 나아갑니다.

와 알고리즘으로 특정 범위 내에서는 높은 성능을 보입니다. 하지만, 지정되지 않은 업무를 수행하는 데에는 제약이 있습니다. 음악을 작곡하는 인공지능에 그림을 그리게 하는 것은 불가능한 것처럼요.

반면, AGI는 다양한 영역에서 인간과 같은 수준의 이해와 문제 해결 능력을 목표로 합니다. AGI는 특정 작업에 국한되지 않고, 새로운 상황에서도 스스로 학습하고 적응합니다. 이는 AGI가 인간의 인지 능력을 모방하고, 창의적이고 복잡한 문제도 해결할 수 있는 능력을 갖추게 된다는 것을 의미합니다. 2장에서 살펴본, 강인공지능을 실현하기 위해서는 AGI가 필수입니다.

인간과 유사한 지능을 가진 인공지능의 등장은 우리의 삶에 많은 영향을 미칠 것입니다. 긍정적인 면도 있겠지만, 많은 문제도 발생할 수 있는데요. AGI가 인간의 일자리를 대체할 가능성도 있고, AGI가 잘못된 결정을 내릴 경우에 그 책임은 어디에 있는지에 대한 논의도 필요합니다. 또한, AGI가 인류에게 미칠 영향에 대한 우려의 목소리도 있습니다. AGI는 인간과 '유사한' 지능인데요. 만약, AGI가 인간보다 더 높은 지능을 갖게 되면 어떻게 될까요? 우리는 어떻게 대응해야 할까요?

초인공지능

인간 지능을 뛰어넘는
인공지능이 등장한다면?

인간과 유사한 지능을 보이는 인공일반지능, AGI가 한층 더 진화하면 초인공지능Artificial Super Intelligence, ASI이 됩니다. 초인공지능은 인간의 지능을 월등히 뛰어넘는 지능을 가진 인공지능을 의미합니다. SF영화에서나 볼 법한, 인간의 모든 능력을 초월하는 지능형 기계를 의미하지요. 영화 〈터미네이터〉의 '스카이넷'이나 영화 〈매트릭스〉의 인공지능 '아키텍트'가 대표적인 예입니다. 미래학자 레이 커즈와일이 예언한 '특이점'을 넘는 순간이 바로 인공지능이 인간의 지능을 뛰어넘는 순간입니다.

그렇다면 초인공지능은 인공일반지능과 무슨 차이가 있을까요? AGI는 인간과 비슷한 수준의 지능을 가진 인공지능으로, 다양한 작업을 수행하고, 새로운 상황에서도 스스로 학습할 수 있는 능력을 갖추고 있습니다. 그러나 AGI는 여전히 인간의 지능과 비슷한 수준에 머물러 있습니다. 반면, 초인공지능은 인간의 모든 지적 능력을 초월하는 인공지능입니다. 초인공지능은 인간의 지능을 뛰어넘어 더욱 고차원의 창의적 사고를 하고, 그간 풀 수 없다고 생각해왔던 난제를 해결하는 능력을 갖습니다. 물론, 초인공지능과 인공일반지능을 구분하는 것이 쉽지 않다고 이야기하는 학자들도 있습니다. 이것은 아직 우리가 우리의 지능을 뛰어넘는 존재를 상상하기 쉽지 않기 때문입니다.

초인공지능은 우리의 미래에 엄청난 변화를 불러올 것입니다. 의료, 교육, 과학

ASI
초인공지능

AGI
인공일반지능

ANI
인공협소지능

초인공지능은 인간의 지능을 월등히 뛰어넘는 지능을 가진 인공지능을 의미합니다.

등 다양한 분야에서 혁신적인 변화를 이끌 수 있는데요. 의료 분야에서는 그동안 인류에게 최대의 위협이 되었던 암과 같은 난치병을 치료할 수 있는 혁신적인 방법을 제시해 줄 수 있습니다. 또한, 단순 질병 치료를 넘어, 생명 연장이나 노화 방지, 어쩌면 영생에 이르는 길까지 인도할 수도 있겠지요. 과학 분야에서도 인류가 가지고 있었던 가장 큰 의문인 우리가 어디서 왔는지, 어떻게 진화했는지 등 존재론적 의문을 풀어줄 수도 있습니다.

하지만, 우리가 앞서 살펴본 작품들에 등장하는 초인공지능은 마냥 긍정적이지 않았죠? 영화에서 초인공지능은 처음에는 인류와 공존하다가 어느 순간 선을 넘고 맙니다. 물론, 인간이 선을 넘는 경우도 많았지만요. 이처럼 초인공지능이 가져올 수 있는 잠재적인 위협에 대해서도 늘 고민해야 합니다. 윤리적 문제와 사회적 영향에 대한 진지한 성찰과 대책 마련이 필요하다는 것이죠.

초인공지능과 인류가 그려 나갈 미래는, 레이 커즈와일이 예측한 것처럼 우리를 영원불멸의 존재로 만들 수도 있고, 터미네이터나 매트릭스같이 인류 생존에 위협이 될 수도 있습니다. 단순 기술 개발에만 전념할 것이 아니라, 초인공지능이 만들어갈 미래에 대한 깊이 있는 고민과 준비가 필요합니다.

AI 두머리즘

결국 인공지능은 인류를 멸망시킬까?

혹시 두머리즘doomerism이라는 단어를 들어 보셨나요? 두머리즘은 둠doom이라는 단어에서 파생한 개념으로, 둠은 파멸, 종말 등을 의미합니다. 즉, 두머리즘은 일반적으로 미래에 대해 매우 비관적이고 절망적인 전망을 가진 태도나 믿음을 뜻합니다. 따라서 AI 두머리즘이라고 하면, 인공지능의 발전이 결국 인류의 파멸을 초래할 것이라는 비관적이고 절망적인 전망을 의미합니다. 과거에는 SF 영화에 등장하는 인공지능을 보며 막연히 두머리즘을 느끼는 경우에 그쳤지만, 최근 인공지능 기술이 급속도로 발전하며, 실존적 위협에 대한 우려가 급증하고 있습니다.

특히, 챗GPT 같은 인간과 유사한 지능을 가진 것처럼 보이는 인공지능이 속속 등장하며, AI 두머리즘은 빠르게 확산되고 있지요. 이 과정에서 인공지능계의 선구자들인 제프리 힌턴과 요슈아 벤지오 같은 석학들이 인공지능의 위험성을 경고하며 두머리즘 논의에 불을 지폈습니다. 그뿐만 아니라, 일론 머스크와 구글 딥마인드의 CEO 데미스 하사비스 같은 업계 리더들도 이러한 우려를 공유하고 있습니다. 2024년에는 오픈AI의 수석 과학자 일리야 수츠케버가 CEO인 샘 알트먼과 갈등을 빚다 퇴사했는데, 인공지능의 실존적 위협에 대한 견해차가 주원인이었다는 점도 앞에서 다루었지요.

AI 두머리즘에서 제기되는 가장 큰 우려는 인간보다 더 똑똑한 인공지능이 등장할 경우, 그 통제력을 잃을 수 있다는 점입니다. 이러한 초인공지능은 인류의 생존을

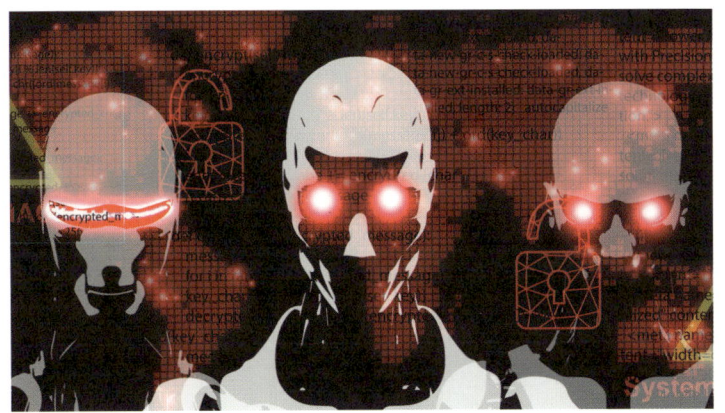
인공지능의 발전이 결국 인류의 파멸을 초래할까?

위협할 수 있으며, 심지어 인류 멸망을 초래할 수도 있다는 주장입니다. 이러한 시나리오는 현재 많은 과학자들과 철학자들 사이에서 심각하게 논의되고 있습니다.

하지만 이에 대해 반대하는 의견도 많습니다. 메타의 인공지능을 담당하는 얀 르쿤은 이러한 우려가 과장되었다고 주장합니다. 그는 현재의 인공지능 기술 수준으로는 그런 위험이 발생할 가능성은 거의 없다고 말하고 있지요. 또한, 막연한 두머리즘 대신 현존하는 인공지능이 초래하는 현실적인 문제에 집중하자는 학자들도 있습니다. 예를 들어 인공지능의 편향성, 프라이버시 문제, 일자리 상실 같은 문제 말이지요.

AI 두머리즘은 인공지능 기술의 발전이 가져올 수 있는 실존적 위협에 대한 경고로 중요한 논의 주제가 되고 있습니다. 비록 이러한 우려가 과장되었다는 반대 의견도 존재하지만, 인공지능 기술의 책임 있는 개발과 사용을 보장하기 위한 논의는 계속되어야 합니다.

AI의 감시와 통제

소설 속 '빅 브라더'가 현실이 된다면?

조지 오웰의 소설 『1984』에 대해 들어 보았을 겁니다. 이 소설은 미래 사회에서 정부가 모든 국민을 감시하고, 개인의 생각과 행동을 통제하는 디스토피아를 그리고 있는데요. 국민을 감시하는 그 유명한 빅 브라더Big Brother가 이 소설에 나오지요. 빅 브라더는 마치 인공지능과 빅데이터 기술을 통해 실현 가능한 무한 감시 시스템을 예견한 것만 같습니다. 여기서 놀라운 점은 이 소설이 지금으로부터 거의 80년 전인 1948년에 출간되었다는 점입니다. 마치 미래를 보고 쓴 것만 같지 않나요?

조지 오웰의 디스토피아적 미래 예견은 현대 사회가 인공지능을 포함한 디지털 기술을 통해 사람을 어떻게 감시하고 통제하는지 미리 보여 줍니다. 오늘날 우리의 모든 온라인 경험은 데이터로 수집되고, 인공지능으로 분석됩니다. 그리고 광고와 추천 시스템 등을 통해 우리의 행동을 유도하고, 심지어 통제하는 데까지 이어지죠. 특히, 스마트 기기와 인공지능 기술은 인간 경험의 총체를 점점 더 상품화, 상업화하고 있습니다. 우리의 일상은 스마트폰, 스마트워치, 소셜 미디어, 스마트 홈 도구 등 다양한 기기에 의해 추적됩니다. 그리고 여기서 나오는 데이터를 통해 우리의 행동을 예측하는 제품이 만들어지지요.

한번 일상을 돌아봅시다. 아무 생각 없이 유튜브에 접속해서 추천해 주는 영상을 멍하니 보고 있지 않나요? 소셜 미디어에 접속해서 추천해 주는 친구를 팔로잉하거나, 쇼츠 영상을 시청하지 않나요? 이처럼 오늘날 많은 사람들은 스스로 생각하는 귀

인공지능과 빅데이터 기술의 발전은 우리를 감시하고 통제하는 도구로 사용될 우려가 있습니다.

찮은 일을 포기하고 대신 인공지능이 만든 알고리즘의 안내를 받아 살아가고 있습니다. 누군가는 이렇게까지 이야기합니다. '상업적 이익을 추구하는 빅테크 기업이 우리를 대신해 생각하고, 우리의 정보를 추출한다'고 말이지요. 이러한 경향이 이어진다면, 우리의 독립적 사고는 어려워질 것이며, 자율적 판단을 내리는 능력 역시 약화될 것입니다.

조지 오웰이 경고한 미래는 이미 다가온 현실입니다. 인공지능과 빅데이터 기술의 발전은 우리의 삶을 더욱 편리하게 만들지만, 동시에 우리를 감시하고 통제하는 도구로 사용될 가능성이 큽니다. 이럴수록 우리는 스스로 생각해야 하는 존재임을 잊지 말아야 합니다. 인간의 존엄성과 자율성을 지키기 위한 노력 역시 함께 이루어져야 할 것이고요.

AI 격차

인공지능 때문에 불평등 격차가
더 벌어진다고?

처음 컴퓨터가 보급되었을 때 컴퓨터를 잘 다루지 못하는 사람을 컴맹이라고 했습니다. 스마트폰이 보급되었을 때 역시 잘 다루지 못하는 사람을 폰맹이라고 했지요. 이제는 인공지능이 그 자리를 차지할 전망입니다. 인공지능은 우리 삶에 많은 변화를 불러오고 있습니다. 하지만 모든 사람이 이 변화의 혜택을 똑같이 누리는 것은 아닙니다. 인공지능이 익숙한 사람과 그렇지 않은 사람 간의 디지털 격차가 커지고 있지요.

인공지능으로 인한 디지털 격차는 기술에 접근하고, 이를 활용하는 능력의 차이에서 발생합니다. 예를 들어 보겠습니다. 인공지능에 익숙한 사람들은 다양한 인공지능 도구를 활용해 생산성을 높이고, 새로운 기회를 창출할 수 있습니다. 실제로 많은 업무 현장에서는 인공지능을 사용해 데이터 분석을 하거나, 고객 서비스를 자동화하거나, 개인 맞춤형 교육을 받을 수 있습니다. 반면, 인공지능에 익숙하지 않은 사람들은 이러한 혜택을 누리지 못하고, 경쟁력이 떨어지겠지요.

인공지능으로 인한 디지털 격차가 단순 기술 격차를 넘어 사회적 불평등을 심화할 수 있다는 주장도 나오고 있습니다. 인공지능 기술을 접할 기회는 경제 상황에 따라 크게 달라집니다. 고가의 인공지능 교육 프로그램이나 최신 기술을 접하기 어려운 상황에 있는 사람들이 많습니다. 또한 나이에 따라서도 접근 기회가 제한될 수 있습니다. 애초에 관련 정보를 얻을 수 없거나 배우고 싶어도 쉽게 습득하기 어려운 사

디지털 격차는 단순한 일상에서의 불편함을 넘어 사회적 불평등을 심화할 수 있습니다.

람들이 있지요. 그런데 더 큰 문제는 앞으로 인공지능을 잘 활용하는 사람들이 더 나은 교육을 받고, 더 좋은 일자리를 얻을 수 있다는 것입니다. 반면 그렇지 못한 사람들은 사회에서 점점 더 밀려나게 될 것입니다.

인공지능으로 벌어진 격차를 줄이기 위해서는 다양한 노력이 필요합니다. 먼저 인공지능 교육의 기회가 모두에게 돌아가야 합니다. 학교나 지역 사회에서 이러한 역할을 담당해 줘야 합니다. 또한, 경제적 약자를 위한 지원 프로그램도 강화해야 합니다. 이를 위해 정부와 기업이 나서서 정책을 마련해야 합니다.

빠른 기술의 발전도 중요하지만, 모든 사람이 그 혜택을 누리지 못하고 오히려 경제적, 사회적 불평등이 심화된다면 과연 무엇을 위한 발전이라고 할 수 있을까요? 인공지능의 혜택을 공평하게 누릴 수 있는 사회를 만들 수 있도록, 모두의 인식 전환과 노력이 필요한 시점입니다.

AI 리터러시

왜 모든 사람에게
AI 리터러시가 필요할까?

리터러시Literacy라는 말을 자주 들어 봤을 겁니다. 리터러시는 기본적으로 읽고 쓰는 능력을 말하는데요. 요즘 시대에는 단순히 글을 읽고 쓰는 것만이 아니라, 다양한 정보를 이해하고 활용하는 능력을 포함합니다. 문해력이라고도 하지요. 예를 들어, 미디어 리터러시는 뉴스를 읽고 비판적으로 생각하는 능력을 의미하며, 디지털 리터러시는 컴퓨터와 인터넷을 효과적으로 사용하는 능력을 의미합니다.

그렇다면 AI 리터러시는 무엇일까요? 인공지능 기술에 대해 이해하고, 이를 일상생활에서 어떻게 활용할 수 있는지 아는 능력을 말합니다. 여러분 중에 일부는 다음과 같이 생각할 수 있습니다. '나는 인공지능 개발과 같은 일은 하지 않을 건데, AI 리터러시는 필요 없는 거 아니야?' 라고요.

하지만 인공지능은 우리의 일상뿐 아니라 직업 세계를 크게 바꿔 놓고 있습니다. 직접 코딩을 하며 인공지능을 개발하는 직업이 아니더라도, IT와 관련이 없어 보이는 직업이라도, 앞으로는 인공지능 활용 능력이 필요하게 될 겁니다. 컴맹이 사무직에 종사하기 힘들듯이 AI 리터러시가 없으면 직업 세계에서 경쟁력을 잃을 수 있습니다. 직업 세계뿐 아니라 일상생활 역시 인공지능이 깊이 들어와 있습니다. 집에서 사용하는 세탁기, 청소기에도 인공지능이 도입되어 있지요. 다양한 인공지능 프로그램을 잘 활용하면 삶이 훨씬 편리해질 수 있습니다.

우리는 인공지능이 발전하면서 개인정보 보호, 편향된 알고리즘 등 윤리적 문제

우리가 살아갈 미래 세상에서 AI 리터러시는 선택이 아닌 필수입니다.

가 많음을 앞서 살펴봤습니다. AI 리터러시를 통해 이러한 문제를 이해하고, 책임감 있게 인공지능을 사용할 수 있는 능력을 키우는 것 역시 중요해질 것입니다.

그럼, AI 리터러시를 키울 방법은 무엇일까요? 지금 책을 읽고 있는 여러분처럼 인공지능에 대한 호기심을 가지는 것이 첫 번째 단계입니다. 인공지능 관련 다양한 자료를 찾아보세요. 책도 좋고 영상도 좋습니다. 이렇게 호기심이 생기면 실생활에 챗GPT를 비롯한 인공지능 도구들을 접목해 보세요. 생성형 인공지능으로 그림을 그려볼 수도 있고, 친구들과 주말 일정을 정하는 데 도움을 받을 수도 있습니다. 수학 공부를 하다 모르는 문제가 나오면 이를 캡처해서 챗GPT에 질문해 보세요. 그 어떤 선생님보다 친절하게 풀이 과정을 알려줄 것입니다. 이렇게 AI 리터러시를 갖춰 가다 보면, 스스로 인공지능을 만들어보고 싶다는 생각이 들 수 있습니다. 그러면 코딩을 배우거나 인공지능 관련 프로젝트나 캠프에 참여해 보는 것도 좋습니다.

앞으로 우리가 살아갈 시대는 인공지능 시대가 될 것입니다. 이제 더 이상 AI 리터러시는 선택이 아닌 필수입니다. 인공지능을 이해하고 활용하는 능력을 키우면, 더 많은 기회와 더 넓은 가능성을 누릴 수 있습니다.

국가 도메인으로 돈을 벌고 있는
카리브해 섬나라가 있다고?
_ 도메인 .ai

인터넷이 보급되면서 각 국가들은 두 글자로 된 알파벳 도메인을 할당받았습니다. 우리나라는 'kr', 영국은 'uk', 일본은 'jp' 도메인을 받은 것처럼 말입니다. 인터넷 초기에는 국가 도메인이 웹사이트의 소속 국가를 나타내기 위해 사용되었습니다. 예를 들어, 'co.kr' 주소는 한국의 회사 웹사이트임을 나타내지요. 그러나 시간이 지나며 국가 도메인이 회사의 정체성을 나타내는 수단이 되었습니다. 대표적인 예가 섬나라 투발루Tuvalu인데요. 투발루의 도메인인 'tv'는 TV 산업과 관련된 많은 기업들에 의해 사용되고 있으며, 투발루의 주 수입원이 되고 있습니다.

인공지능이 대세로 떠오르며, 투발루처럼 국가 도메인이 주목받게 된 나라가 있습니다. 바로 카리브해에 위치한 영국령 섬나라 앵귈라Anguilla입니다. 앵귈라는 인구가 채 2만 명도 되지 않는 작은 나라인데요. 도미니카와 푸에르토리코 사이에 있는 이 나라는 아름다운 해변으로 유명하지만, 관광지로는 상대적으로 덜 알려져 있습니다. 그러나 최근 몇 년간 앵귈라의 이름이 인공지능 업계에서 종종 오르내리고 있습니다. 그 이유는 바로 앵귈라의 도메인 'ai' 때문인데요. 앵귈라가 1995년 'ai' 도메인을 할당받았을 때만 해도 큰 주목을 받지 못했습니다. 그러나 2022년 11월 챗GPT의 등장이 인공지능 업계를 뒤흔들면서 상황이 바뀌었지요. 인공지능 관련 기업들이

'ai' 도메인을 탐내기 시작한 것입니다.

앵귈라의 한 해 GDP는 약 3억 달러에 불과합니다. 그러나 2023년 앵귈라는 'ai' 도메인 판매로 3천 200만 달러약 430억 원의 수입을 올렸다고 합니다. 이는 나라 전체 GDP의 약 10%에 해당하는 금액이지요. '닷에이아이.ai'의 판매

작은 섬나라 앵귈라는 국가 도메인 'ai'로 세계적인 주목을 받는 나라가 되었습니다.

실적 역시 눈부십니다. 유명 인공지능 업체인 스태빌리티와 캐릭터닷AI를 포함해 일론 머스크의 인공지능 기업 xAI, 그리고 빅테크 기업인 구글, 페이스북, 마이크로소프트 역시 'ai' 도메인을 사용하고 있으니까요.

관광 산업에 전적으로 의존하던 앵귈라는 코로나-19로 막대한 타격을 입었습니다. 그러다 챗GPT로 촉발된 인공지능 열풍 덕분에 새로운 경제적 활로를 찾게 된 것이지요. 실제로 2023년의 'ai' 도메인 등록 수는 전년 대비 두 배 정도 늘었으며, 향후 더 늘어날 전망입니다. 인공지능과 함께 성장할 작은 섬나라 앵귈라의 미래가 어떨지 지켜보는 것도 또 하나의 재미가 될 것입니다.

마지막으로 우리나라의 'kr' 도메인을 사용하는 유명 기업이 있을지도 살펴볼까요? 바로 플리커flickr가 있습니다. 외국에서 많이 사용하는 사진 공유 SNS로, 단축 도메인 주소가 'flic.kr'입니다. 다만, 플리커의 서비스 점유율이 점점 떨어지고 있어 도메인 수익은 미미한 수준이라고 하네요.

인공지능 전문가들이 예상하는
AI가 초래할 멸망 가능성은?
_AI의 미래

2023년 3월, 수많은 인공지능 전문가들이 '거대한 인공지능 실험Giant AI experiments'을 6개월 동안 중단할 것을 요청하는 공개서한에 서명했습니다. 5월에는 '인공지능으로부터 촉발되는 절멸extinction from AI'의 위험을 진지하게 받아들일 것을 촉구하는 성명서가 발표되었지요. 이 모든 시작은 챗GPT가 활용하는 GPT-4와 같은 대형 언어 모델에서 비롯되었습니다. 이 모델들은 일상생활을 넘어 전문적인 영역에서도 인간을 뛰어넘는 성능을 보이며, 인간 수준의 지성을 가진 인공지능, 즉 인공일반지능의 등장 가능성을 예고하고 있습니다.

인공지능 전문가들 사이에서도 최근 인공지능의 발전에 대한 우려의 목소리가 큽니다. 옥스퍼드 대학교 인류 미래 연구소의 닉 보스트롬Nick Bostrom(1973~) 교수는 인공지능이 궁극적으로 인류 문명을 파괴할 수 있다고 주장한 바 있습니다. 또한, 기계지능연구소MIRI의 설립자 엘리저 유드코프스키Eliezer Yudkowsky(1979~)는 GPT-4가 인공일반지능의 임박한 징후라 언급했습니다. 반면, MIT의 AI Lab과 CSAIL 장을 역임한 로드니 브룩스Rodney Allen Brook(1954~)는 여전히 인공일반지능과 우리는 거리가 멀다고 주장했고, 인공지능의 4대 천왕 중 한 명인 얀 르쿤 역시 현재의 인공지능은 개보다도 똑똑하지 않다며, 공상 과학 시나리오를 부정하고 있습니다.

이렇게 전문가들 의견이 첨예하게 갈리는 가운데, 전기전자 관련 유명 매체인 IEEE 스펙트럼은 세계에서 가장 저명한 인공지능 전문가 22명을 대상으로 현재의 인공지능이 인공일반지능 도래 가능성을 높이고 있는지, 그리고 인공일반지능이 문명의 재앙을 일으킬 가능성이 있는지에 관한 설문을 진행했습니다.

AI로 생성한 유토피아와 디스토피아

먼저, GPT-4와 같은 대형 언어 모델의 성공이 인공일반지능의 가능성을 높이는지에 대한 질문에 22명의 전문가 중 14명은 아직은 미흡하다고 대답했습니다. 반면, 8명의 전문가는 GPT-4가 인공일반지능의 가능성을 보여준다고 대답했지요.

모두가 궁금해하는 바로 그 질문, 인공일반지능이 문명의 재앙을 일으킬 가능성 있는지에 대해서는 단 4명의 전문가만 진지하게 그 가능성을 인정했습니다. 다수인 12명의 전문가는 인공지능으로 인한 재앙 가능성을 부정했지요. 어느 정도 가능성이 있다는 애매한 답변을 내놓은 6명까지 긍정으로 간주하면 상당수가 인공지능의 위협을 진지하게 받아들이고 있다고 볼 수 있습니다.

이 책을 다 읽고 난 지금, 여러분은 인공지능의 미래를 어떻게 그리고 있나요? 두려운가요, 아니면 기대되나요? 그 어떤 미래가 오든 인공지능 시대가 오는 것을 막을 수는 없으니, 차분히 대비를 해야 할 것입니다.